打開天窗 敢說亮話

WEALTH

天窗出版

動態
現金流

Kano 著

目錄

目錄

心法不變 工具常變

Starman

星匯資本創辦人

《現金流為王》系列作者

2017 年我寫了《現金流為王》，講述了我的「現金流投資法」，翌年再寫了《現金流為王 2》，進一步解釋「現金流投資法」的心法。

我寫的文章中一直強調投資心法比工具重要，因為工具因應不同市場時機會有不同的優勢和缺點，而心法是一種投資哲學，歷久不衰。

《動態現金流》以《現金流為王》的投資心法作為藍本，因應近年的市場變化配以不同的投資工具，進一步解釋並實踐應用。

《動態現金流》作者是一位現金流投資者，深明箇中道理。例如，槓桿在現金流投資中扮演非常重要的角色，但我們在運用槓桿進行現金流投資時，整個投資計劃在一開始便要構思好「去槓桿」的機制。因為槓桿是兩刃刀，能擴大投資回報率，同時又會帶來不確定性。

因此，運用槓桿的投資者要深明箇中的風險因素，如加息的影響、投資標的對利率的敏感度等等。

以上都是運用槓桿的現金流投資法最重要的一環。在低息環境下，我已經常強調，事隔數年，在加息的大環境趨勢下，作者對此都有進一步的深化見解，並以例子加以說明之。

作者作為現金流投資者，起了一個很好的示範作用，展示了真正的「心法不變工具常變」的動態投資態度。

希望各位讀者在閱讀時能夠以同樣的角度理解箇中的理念，勿將焦點放在投資工具上，而應該鑽研書中所帶出的投資心法，成為真正的現金流投資者，繼續將這一套投資方法加以改良，使之能經得起時間考驗，令現金流投資法傳承下去。

Blog: http://starnman84.blogspot.com/

這種投資成長速度，
真是從未遇過！

風中追風

財經 Blogger
《懶系投資法》系列作者

實不相瞞，我和 Kano 兄沒有深交，當他 2019 年正式成為 Blogger 時，我早已移居台灣，我們的聯絡只止於電郵以及我的 Patreon 私訊，並沒有機會見面。事實上，2020 年之後我在台灣深居簡出，埋首搞自己的圍爐小圈子，幾乎沒有再參與香港 Blog 界社群的交流。

但是，這不阻礙我答應為 Kano 兄的新書寫序，因為我一向只著重書籍本身的質素，關注的是其是否真的「有料」、是否真值得推介，至於作者與我是否有過硬交情，不是我的主要考慮因素，作者之後的所作所為，更與我無關。雖然認識不深，但 Kano 兄這位後起之秀，和我以前認識的大部分 Blogger 很是不同，很值得聊聊。

初初接觸 Kano 兄的部落格，我一直以為這人肯定是有 10 年以上實戰經驗的投資老手，因為其分享的內容，無論是理論、心法、分析，還是涉及範圍、應市策略，都非常成熟，並透露著一股從容自信，投資成績也極之亮麗，根本不像一個投資新手。之後從留言中得知，Kano 兄是從 2019 年 10 月才開始正式學習投資，倒是嚇了一跳。也就是說，此人竟然在短短一兩年內，就能兼容並蓄發展出自己的一套成熟的投資系統，直接跳過大部分人所需要的新人、摸索、交學費階段，這種成長速度和效率，我真是從未遇過。後生可畏！

此外，在與 Kano 兄的溝通中，也感覺到新一代 Blogger 和我們這些舊

一代 Blogger——例如止凡兄、皮老闆(現改名龍蝦伊面)、塘人兄、飛鳥兄、二當家、AC儲蓄等等——有所不同。現在的年輕人，說話爽快、直接、到肉、不包裝，不會和你禮貌周周地客套，溝通效率一如他的投資方法。

Kano 的部落格也是文如其人，想到甚麼說甚麼，加上不少連登式的潮語寫法，有時會令初學者難以明白。我一度擔心，他撰寫的書籍，文筆會否也是如此。不過在粗略閱讀他的初稿後，我發現我的擔心是多餘的。這本新書，範圍極廣，但文字深入淺出，有系統且有條不紊，無論初學或進階者都適合閱讀。一般書籍，通常只聚焦於某特定族群或某一兩樣工具，這本書卻能將大部分族群(初學者、年輕人、中年人、保守者、準備退休者等等)幾乎一網打盡，再利用大範圍投資工具(成長型股票、公用型股票、債券、CEF、ETF、優先股、SSF、REITs等等)和大範圍地域市場(香港、美國、加拿大、新加坡、澳洲、英國、歐洲等等)，融會貫通入現金流投資心法中，有條不紊地教你如何營造自己的現金流投資系統。

書中的精要，需要自行領會，事實上我還未看過最後的成書版本，截至執筆之日，Kano 兄前後給過我兩篇初稿，前篇主要論述投資理論和工具，後篇則聚焦於心法和實戰，據其所言，最終會兩者合一。但以我所閱，兩篇稿件的內容都極為廣泛，皆可以獨立成書。由於字數太多，其中不少內容甚至注明將會刪減，我也很期待看到最後的成書版本。不過人在台灣，郵購需時，希望書籍出版後 Kano 兄可以郵寄一本給我，我沒有在和他客氣的，哈哈。

　　祝　一紙風行！

Patreon：https://www.patreon.com/laxinvest
Blog：https://laxinvest.blogspot.com/
fb：https://www.facebook.com/chaseinwind

傳達養精蓄銳的理念

小薯

財經 Blogger

《價值解密》、《年報解密》作者

與 Kano 兄的結緣，大約是在 2020 年，通過一名網友介紹下在網上相識。

那時剛好是 COVID-19 大流行，美國股市在 2020 年 3 月出現史詩式熔斷。雖然小薯當時對 Kano 兄的現金流打法不太熟悉，但就對他的財務知識就十分敬佩。因為 Kano 兄跟小薯不同，是完全沒有財務專業的訓練，全靠自學，一步一步的，慢慢砌石仔，累積出現在的財務知識；而其涉獵的範疇更橫跨不同的地區及投資工具，由大家熟悉的股票，到房地產信託基金，再去到普遍大眾都不太認識的封閉式基金、股票分置基金、優先股等，其專業程度不下於市場上的基金經理。

看倌在看書中可能看到不少刺激、以槓桿倍大回報的進攻式打法，對一向速食、要短時間內追求高回報的香港人一定有很大吸引力！可是，實際上 Kano 兄著重現金流的打法，更多是以深耕務農的形式，穩打穩紮，用現金流做好防守，養精蓄銳，機會一到才揮棒進攻爭取額外回報。

日復日，月復月的交流，已經近兩年的光景，由 2020 年的無限 QE 零利率，到現在執筆時的高通脹、加息收水大環境，小薯看到 Kano 兄投資上的變化。變的是投資方法，不變的是他的投資理念。小薯認為一名成功的投資者，獲勝的密碼從來不是他的方法，而是建基於自己的投資理念，隨時代演進不斷改善微調投資方法，獲取只能在那個時代可以得到的回報，並不斷得到時間的驗證。因此，小薯建議看倌們不要只看到

書中的工具和投資打法，更重要了理解 Kano 兄的打法背後的投資理念，再融會貫通創造出適合自己的投資方法。

不少學習投資的朋友，應該會聽過--句話：「投資是一門藝術，也是一門科學。」小薯是十分同意，因為市場是人性的集合體，由感性和理性交互影響，似有特定模式，但又好像全無章法和確定性可言，跟科學的因果推論、客觀推演大不相同。可是，成功的藝術家都有一個共同點，就是有沉實的基礎支持，而這個基礎就有一定的科學模式。Kano 兄就是在堅實的財務知識支持下，作出一個又一個存在不確定性的投資決定。套用 Kano 兄為小薯拙作《價值解密》寫的序中的一句話：「投資所得，是投資者對現實認知的變現」。「現實認知」就是科學，如何「變現」就是藝術了！

此書便是凝聚 Kano 兄的多年經驗的心得，從他所了解到的「科學」(財務知識、現實認知)，通過堅實的投資理念，以「藝術」方式變現成為 Kano 兄獨有的投資方法。如果你的初學者，相信此書會提供到你思考的方向；如果你是資深的投資者，也不妨打開心窗，以好奇心去了解其他投資者的想法，可能讓你有腦洞大開的感覺。

願祝 Kano 兄新書一紙風行。

2022 年 8 月

Patreon: https://www.patreon.com/reviewfuturelife
Blog: https://reviewfuturelife.blogspot.com

適合中階者自我反思

落雨人
財經 Blogger

驟眼看目錄會以為《動態現金流》是幫助新手上路的書籍，但細心咀嚼內容後會發覺這本書更適合中階者反思自己的投資手法。

Kano 在書中談到了槓桿投資、現金流投資的基礎及實戰考量，用資產配置達到有效分散，用「去槓桿」來部署槓桿，另外亦深入討論了利率環境轉變的隱憂與聯儲局風險，而內容離不開一個重點——「動態」。不少散戶追求投資公式化，希望找到輕鬆賺錢的永恆策略，但結果往往只是死記招式，不會思考變通，市場環境有所轉變就只能束手待斃。因此，「動態」是投資必需的思考模式。

財務自由講究資產規模，無奈的是人生太短，勞力回報有限，傳統存股做法效率太低，借助槓桿力量幾乎是無可避免的，書中有句話寫得很妙——「人生無處不槓桿，只怕他人用槓桿，而你不用槓桿」。槓桿是加速累積資產的工具，順風之中可讓投資者事半功倍，但水能載舟亦能覆舟，一旦忽略風險，槓桿反而是自毀長城的陷阱。因此，槓桿投資一定要常存動態思維。

要掌握到動態投資的精髓，此書的讀者一定要進入第二層思考，嘗試去理解 Kano 的投資思路，才能從心去領會動態投資，運用槓桿借力而順風駛艜，同時提防著正在醞釀的下一場風暴，深明天氣變幻莫測才能掌握滿帆收帆節奏，成為「精明的船長」！

Blog: https://rainingmanhk.com

Kano 寫 Blog 一小步
大家財自一大步

數簿
財經 Blogger

同 Kano 喺一個價值投資嘅社交群組交流認識。不過唔係每一位成員都會認真研究年報、睇新聞，兼且識獨立思考。我地私下交流，亦會(用 Google)衝出海外尋找唔同地區、類型嘅投資產品，大家都係會尋根究根嘅性格，務求了解到每一樣產品嘅隱藏風險。

做過咁多「功課」，人腦結構複雜，記憶力有限。最好嘅方法就係寫低佢。Kano 最開頭研究嘅 Closed End Fund (CEF)、海外房地產信託 (REITs)，依啲對於唔少追求穩定的香港人嚟講係唔錯嘅投資選項，特別喺依個年頭個個都想「衝出」香港，分散資產。我同幾位 Group 友一齊鼓勵 Kano 不如將依啲咁重要，而市面上缺少嘅認真「功課」放上 Blog 同大家一齊分享。畀心機做功課嘅除咗想有人識欣賞，更加係想有同道人可以切磋交流，以文會友，大家一齊進步。

Kano 嘅 Blog，簡單易明，夠晒「人話」。用幾張搞笑嘅圖片，配上簡短列點，正中要害。加深讀者記憶，遠離風險，金錢回報就自動游埋嚟。今次本書更加係一步步講解現金流嘅重要性、看似微小嘅利率如何影響你手上資產價值，慢慢幫大家建立財商。

「財務自由」不求人！在此預祝依本「贏」！Kano 贏！讀者贏！書商贏！

Patreon: https://www.patreon.com/lookitsmathbook
Blog: https://lookitsmathbook.blogspot.com

改變人生，
從金錢遊戲開始⋯⋯

關於我的故事，在電腦面前我想了良久。

「我想改變。」

大約就是這 4 個字，讓我跟打開書本的你交流。

故事是這樣開始的，人海中遇見了她，相知、相識、相戀。我以為找到了人生的另一半，幾經波折，我認為我即將成家立室，迎來幸福美滿了。然而，就在那時，我跟她分開了，似是開了一個天大的玩笑。

有好幾年，我過著行屍走肉的生活，我知道自己「放不下」。

以往，我會為著將來的生活而節儉儲錢，或許是為了籌辦婚禮，或許是為了買樓，或許是為了新居裝修，或許是為了跟她的孩子。然後過著尋常香港人的生命周期，慢慢百年歸老。

理性告訴我這一切都完了，但感性上仍希望會有這樣生活的一天。

從那一年開始，我背起背包，拿起筆記本，開始了一個人的旅行。我只想去更多地方旅遊，寫下一篇又一篇的手記，告訴「她」我的所見所聞。

幾年後，在馬來西亞的旅途上，因為火車延誤，我遇到一位來自俄羅斯的旅客，我跟她說起我的故事，她跟我分享「人對生命的選擇」。當

時具體說了些什麼，我記不起，只記在對話的結尾，她留下「This is a choice」這句話。

她乘上列車展開了另一場旅程，而我則留在火車站一直細味她那句話。那句話在我心中留下了一個問號。

當再一次回到台灣，那個跟她充滿回憶的地方，我深深回想自己的前半生：

- 公共屋邨出身，沒父幹；
- 只想當個小人物，安安穩穩工作，卻絲毫不穩定；
- 只想找個伴侶平凡過一生，卻盡是不如意⋯⋯

迎面吹來太平洋的海風，思考了良久。

在筆者的人生觀中，金錢永遠不是首要的選項，錢夠用即可，重要的是身邊的人。但是現實就是現實，生活於香港這城市，成功的標準來自收

入及財富，如果沒意識到這一點，人生往往會失去了主動權，這是一個不得不面對的遊戲。

也因為這個原因，我開始這場金錢遊戲。

於朋友的建議下於部落格 (Blog) 中寫下投資筆記，亦因為這 Blog 我認識了一眾投資界的戰友，這是另一故事的開始。我相信只要堅持就會有希望。

人生、投資，兩者何嘗不是如此。

因為性格關係，我選擇「現金流投資」的打法，並按利率而調整組合，算是一種動態的現金流打法，後來受到谷友 Leon 及數簿的鼓勵，我開始在 Blog 中整理文章，當作分享，留給有緣人。

也因為如此，交上了落雨人、小薯等戰友，一起經歷了自 2020 年起起伏伏的投資環境。

投資成果上，
由 2019 年末我以不到 30 萬的本金出發，每月只收到數百元的股息及債息；
到 2021 年末，組合剛剛過了 200 萬，每月收到 2 萬多元的股息及債息；
在 2022 年，市場一如預料般出現調整，縱使投資組合的帳面淨值出現不少波動，但得益於審慎的選股。在大盤明顯下跌下，組合仍錄得正回報，而被動收入仍穩健上升。

關於「人生」這條路，就是一步一步走出來的。

十分感謝天窗出版社的賞識，幸得編輯的鼓勵及督促，否則本書將無法完成。

容我再次感謝天窗出版社。

Kano 的投資思考誌

決心學習投資

申請 IB 帳戶,為海外投資帳戶,並投入 30 萬為本金。

並學習坊間投資的主流,一方面月供股票,另一面嘗試埗金流投資。

2019 年 11 月

研究 CEF

發現其時港股及美股皆極為昂貴,並不是大舉買入股票的時機。

在債券方面,普遍債券處於溢價,新發行交易所交易債券 (ETD) 體質偏弱,加上不低的借貸利率,仏息差 (Yield Spread) 不足情況下,認定那時不是投資這些工具的良機。

轉至研究封閉式基金 (CEF),因為研究略有心得,在朋友鼓勵下開始寫 Blog。

由於 CEF 內置槓桿,投資收益不俗,配合投資組合具有槓桿操作,從此研究槓桿及去槓桿的玩法。

2020 年 1 月

停月供股票

其時港股及美股一直處於高點,我認定兩地沒有吸引的投資機會,故此開始研究新加坡的房託。

發現月供股票無法令**財務智商**成長，加上收費貴而靈活性低，於是停止月供股票，並把資金集中於現金流投資。

2020 年 2 月

保持思考 疫情伊始

由於保持寫 blog 文習慣，每次寫文不斷思考，逐漸明白「自己想點」，亦發現聚焦投資目標的重要性，這一點投資者經常忽略，好東西不一定是好投資，好投資也不一定能滿足閣下的投資目標。

從新聞察覺，新冠肺炎觸發嚴重公共衛生危機，亦引發前所未見的系統性風險，當時判斷是大市可能出現調整但不會崩盤，所以，沒有大幅減倉，只是買入美國國債作為對沖，以防萬一。

2020 年 3 月

意外，便是意料之外

新冠肺炎全面衝擊金融市場，加上油價的問題，股神活了 89 年只看過一次熔斷，而 2020 年 3 月投資者經歷了 4 次熔斷，足以寫入歷史。果然，市場最不缺的，便是意外。

筆者有幸見證歷史上首個因為公共衛生引發的全球股市崩盤，自認對沖不足，所以決定在第二次熔斷後離場保存實力，在自己的投資路上首次大敗。

這也是筆者極少數沒有開槓桿的時期。

2020 年 4 月

再次入場　盡情出手

鑑於疫症對金融及現實的衝擊，在國境封鎖的同時，各國元首史無前例地聯手 QE，藉減低息率及提供流動性來穩定市場。

在一系列政策出台之時，筆者認為最壞時間已過，眾多投資工具的價格已經「重置」。當你成功在崩盤中生存，下一步只是如何擴大獲利，無疑當時是極佳的入場時機。僅僅半個月不到，投資邏輯完全改變，筆者再次槓桿入場。

鑑於投資股票及固定收益資產的邏輯完全不同，在充滿不確定性的環境，我認定固定收益資產的價值復元力度應遠比股票為快，加上歷史低位的利率推高套利空間，將進一步把其價格推至高位。

這個情況下，投資固定收益資產的風險回報遠比股票為佳，此策略是典型的現金流投資的打法。

2020 年 6 月

半鎖港　勤讀書

承蒙 TG 谷友錯愛，開始體驗報告系列的文章，發現讀者多是初入股市的新手及投資取向偏向保守，亦具有不同的投資需要，所以每篇文也是針對它們的能力及投資目標而寫 (詳見本書第十一章)。

另一方面，疫情令香港半鎖關，在這個環境中筆者閱讀了不少經典書籍，筆者審慎保守的思考方法漸漸成型：出手慢了、出手頻率減低、對風險多了幾重判斷。

開始隨筆手稿系列，現在回看，當時的想法一一驗證，歷史果然一直在重複。

而在投資組合上，由於市場的動盪減少，債券價格漸漸回升，加上收到的債息，槓桿比率持續穩定下跌，為筆者再次出手提供了不少子彈。

2020 年 7 月

借債券收復失地

自 4 月來的多場的債券進攻與防守，筆者認定市場不確性漸漸得到清除，手中的債券的價格已漸漸回歸，部分優質債券更出現溢價，筆者於是將之賣掉，換入其他受壓的債券。

依靠債券的投資所得，成功收復早前股市崩盤所造成的損失，正式收復失地，走向正回報。

另一邊廂，股市仍不理性地上升，毫無回調，這是風高浪急時刻，筆者仍等待機會的來臨。

2020 年 8 月

準備面對通脹 重整組合

當時美國政府同時揮動手中神器：

* 寬鬆的貨幣政策 (回購國債、購買 MBS，為市場注入流動性)
* 強力的財政政策 (直接送錢給民眾、巨型的基建計劃)

那時疫苗尚未成功研發，全球多國仍在鎖關，實體經濟仍未見曙光。根據當時情況，筆者無法判斷未來情況會是「低利率、高通脹」還是「高利率、高通脹」的組合。但肯定高通脹一定出現，成為全球性的問題。

在高通脹的大前提下，貨幣購買力不斷被食掉，加上正值極低位的利率，企業極有動機透過發新債還舊債的方法，提早贖回較高票面息率的資產，重發較低息率的債券，長久之下，債券投資者必然面對再投資風險 (Re-Investment Risk)。

所以筆者認定，如投資組合只集中固定收益資產，長遠來說，購買力必定極為吃虧，而投資組合亦會極被動。

如站於另一方向思考便會發現，債券重置下，優質企業將有更靈活的經營環境，提升投資價值，而金融市場仍處於一片混亂，做成不少優質企業的錯價及投資機會。

而 8 月至 9 月間，股市終於迎來崩盤來首次的重大調整，眾多科技股面臨 20% 至 40% 的回調，苦候多時的調整終於出現。

筆者寫下〈霧鎖股的未來〉後，組合開始轉型，為即將到來的通脹作出準備：

- 大幅收割已成功收復的固定收益資產，並減少其佔比
- 於低位大幅增加穩定收益資產，利用現金流增抗通脹能力
- 科技股大調整，正是買入良機，開始買入進攻類資產

2020 年 9 月

放眼加國「特產」SSF

在 4 月重入金融市場之時，便考慮美星港三地的市場效率，當時把大部分資源投放於美國，星洲次之，香港最末。

在 9 月之時，大部分美國債券已經收復價值，筆者取得豐厚回報，轉為一方面投資於仍受壓之優先股及 ETD，另方面則分散投資於穩定收益資產及高增長資產。

其時星州房託竟已完成價值復收，估值更出現 Overvalue 情況。筆者開始留意加拿大市場，發現當地房託及穩定收益資產仍被市場低估，於是高價賣出大部分星洲房託，把資金投放到被低估的加拿大市場。

不久筆者留意到加拿大特產——股票分置基金 (Split Share Fund, SSF) 是另一種封閉式基金，是輔助性的現金流工具。

(事後回望，這是一個極佳的投資決定，星洲房託的股價於一年後持續下跌，而加拿大房託則成功收復價值，一來一往，不但帳面淨值上升不少，更重要的是組合中的現金流明顯增幅，為日後的投資打下理想的基礎。)

思考朋友提早退休的安排，於是寫下給準備退休人士的考量。也意外地多了 Blog 友問及預備退休的事宜，從中分享靜態的現金流策略。

2020 年 11 月

投資破百萬

由於防守隊員的價值回歸及進攻隊員的貢獻，投資組合得出破百萬元的紀錄，一年錄得 3 倍投資回報，而防守組合也大致成形，為投資組合注入穩定而具增長的現金流。

2020 年 12 月

借贖回潮套利

疫情明朗化，人們漸回正常生活當中。在此大前提，高通脹問題必定浮現，另一潛在問題是貨幣政策的正常化。印出來的流動性，必定要收回來，問題是：

- 甚麼時間收？
- 如何收？

筆者認為那將會是 2021 年最大的問題。

這是寫下〈現金流的推敲系列〉的初衷，也以這個思考路推論固定收益資產的贖回潮只會不斷出現，市場上錯價套利的機會急速減少，所以加大槓桿買入低於票面值而質素不錯的固定收益資產。利用贖回潮為獲利退出的方法。

2021 年第一季

轉移重心

市場漸明朗下，機會不斷減少，明顯的套利機會不復存在。

從 Brookfield Property Partners (BPY) 私有化一事中，得知資產管理公司 (Assets Management，AM) 是房託的上位產業，而不同類型的資產管理公司更是應對多變未來的良方。

- Real Estate AM is for high inflation.
- Private Credit AM is for high interest rate.
- Equity AM is for low interest rate.

因此，投資資產管理公司成了投資組合的另一種核心，足以面對多變的未來。

2021 年第二季

佈局能源企業

自 2020 年股市崩盤後，藉大量的能源債券取得豐厚收益，對能源業有初步的認識。

於年中重新審視時,發現傳統能源具衰退 (Decay) 的特點,如果不一直投資,其產出將會不斷減少,加上近年種種因素,傳統能源一直處於 underinvestment (投資不足) 狀況。

而在 2020 年時,Tesla 異軍突起,加上全球大力發展可再生能源,所有資金也跑到產能不穩定及資金需求極大的可再生能源,這種所謂的新能源產業「真係你買埋我個份」。

但在「回復正常」大前提下,能源需求必定回到疫情前,加上人類對能源的需求是持續上升,所以推算之下,傳統能源很可能會進入「超級周期」,故佈局於上游及中游能源企業。

在滴滴打車 (DIDI) 的風波中發現投資的巨大政治風險,筆者一直奉行「先風險,後回報」,政治風險難以計算,當時實在不是擁抱風險的時候,筆者在 Facebook 出文提醒 ,那一年並沒有踏中中概股的風險。

2021 年第三季

加息前清掉債券

「高通脹」果然應驗,而通脹主要來自能源及物流供應鏈。鑑於兩者皆於結構性問題,為短時間內無法解決的問題。聯邦儲備局司長放棄「暫時性的通脹」的說法,宣布 Tapering(縮減購債),及預計 2022 年進入加息周期,加息的時間表比筆者預想更早更急。

2022 年大前提是「加快 Tapering 及 開始加息」,在增加利率的環境下,Yield Spread 將會收窄,所有固定收益資產的價格也會受壓,因應其年期及信用評級而有不同的影響。

作為準備,筆者清掉手上最後一筆債券,並把手上所有封閉式債券基金

也清掉，並把所得資金轉入房託及封閉式股票基金，進一步加強抗通脹能力。

另外，部分加拿大資產已完成了完美的價值收復，在賣掉此部分取回資金及開始去槓桿後，筆者投放於當時金融資產仍處低位的英國金融服務業，其中以受惠利率增加的保險業為主，這是另一場價值收復之旅，也為加息周期作準備。

2021 年第四季

「聯儲局風險」浮現

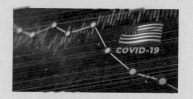

聯儲局主席不斷打開口牌，預告 2022 年的收緊政策的時間表，間接地改變市場預期。

早於 21 年第 4 季便可預見 2022 年是極為波動的一年，鑑於通脹持續失控，當中存在結構性問題，而這個問題是聯儲局無力應對。顯然而見，一眾投資者定要承受此聯儲局風險。

對於聯儲局風險，筆者心中確是沒底，一個弄不好就是通縮，在選擇大幅去槓桿及對沖聯儲局風險之間，筆者決定兩邊下注：

- 一方面減持非核心持股及加拿大持股，達成去槓桿的效果。
- 一方面對進攻部分進行分散風險處理，並加緊觀察傳統能源及航運業，於是清掉所有中游油企，轉至投入上游油企，加強對沖風險的能力。

自序

2022 年第一季

加快「去槓桿」

2022 年果然是也一個波動的年份，除了中概股繼續受到打壓，美國的通脹突破天際這些一早預算到的事。

叫人意想不到的是：
1. 聯儲局把 QT 提早放上日程，及不斷加快加息；
2. 俄羅斯真的入侵烏克蘭。

因為這兩件意料不到的事，為本來混亂的市場變成波濤洶湧。筆者投資的計算上必須把「去槓桿」加快進行，畢竟在直接面對聯儲局風險，筆者對於「Soft Landing」毫無信心，經濟衰退在某程度上是必然的，問題只是什麼時候發生。

而俄羅斯入侵烏克蘭一事上，更進一步推升農產品價格及能源價格，結果便是通脹直破天際，一發不可收拾，進一步加深聯儲局風險。

在投資組合則是，上游能源企業股價急升，完全抵消了科技股的下跌，並配合期權操作，得到不錯的現金流。

2022 年第二季

防守隊員發揮作用

第二季的波動性，可謂比第一季有過之而無不及：

- 持續不斷的戰爭
- 意料之外的急速加息及果斷 QT (QT 具有滯後性，其影響很可能半年後 (2022Q4) 浮出水面)

- 中國持續的動態清零

主場的核心仍是老樣子，只是所有的事來得又急又快。按照傳統觀念，以價格而言，股市經已進入熊市。

筆者的投資組合當然未能倖免於難，不斷在正負間徘徊，幸防守組合在選股時已考慮其防守性，在市況低迷下，股息仍有增長，為整個投資組合提供不少周旋空間。

以上是筆者進入投資市場開始金錢遊戲的經歷及思考，而筆者的「養家供樓倉」：自 2019 第三季來錄得 7 倍以上回報，其實，此倉至今的回報全因市場給予機會，屬於超額回報。

筆者相信，投資機會一直存在，但知識及推理思維設有門檻，關鍵是你如何思考及面對市場應對，只要找到自己的能力圈，便可持續地累積資產。所以寫下本書時，筆者並不會介紹某股票或是某債券，而是詳釋選擇當中的思考過程。

想要超額回報，不一定要 10 倍股，只要想得清楚，坐定定玩現金流，慢慢數錢，也是不錯的選擇。

為早達財務自由
啟動「動態現金流」

實現財務自由的 三條路

對於打開這本書的你，我相信你對投資有一定興趣，或許已走在預備「財務自由」的路上。

自《窮爸爸，富爸爸》一書以來，「財務自由」一直是熱門話題，而市面上為達至財務自由的投資方法更是五花八門。依筆者的觀點來看，短期炒賣的贏面難以持續，能在金融市場中長期穩定獲利的只有 3 種人：

- 價值投資者
- 指數投資者
- 現金流投資者

價值投資　有相當難度

其中，價值投資又可分為：

- 古典型價值投資：買入被低估的股票，然後藉低買高賣，或待企業私有化等手段獲利。
- 成長型價值投資：買入長遠發展良好的股票，藉公司的快速成長而獲利。

價值投資是投資中的王道，但是學習價值投資需要投入大量的時間及精力。

量性的學習：

- 學習會計知識
- 學會如何看公司財報
- 學會如何為公司進行內含值 (intrinsic value) 的估算
- 學會因應各地會計準則的不同，而調整內含值的估算
- 學會因應匯率的浮動，而調整跨國企業內含值的估算

質性的學習：

- 了解該公司的商業模式
- 了解該行業商業模式及投資邏輯
- 了解該行業中同一層面的對手
- 了解該行業上游、下游的玩家
- 了解行業的長遠轉變
- 了解公司的長期競爭優勢

投資者個人心理質素：

- 面對升市時的操作
- 面對跌市時的操作
- 如何分散組合的風險

看了上面簡單的要點，相信讀者會明白到「價值投資」並不是單單計算市盈率 (Price-to-Earnings，PE)、市淨率 (Price-to-Book，PB)、每股盈餘 (Earnings Per Share，EPS)、市銷率 (Price-to-sales，PS) 這樣簡單。

先不說有關的**投資知識**對於一般大眾來說有相當的難度，以古典型價投對比成長型價投上思維的不同，加上現實投資環境反覆無定，不斷動

搖**投資者的信心**，投資者很容易在錯誤的時候做錯決定，增添敗陣的機會率。

指數投資者 vs 現金流投資者

所以，一般大眾追求財務自由，主要還是成為「指數投資者」及「現金流投資者」。

「指數投資者」是透過投資市場指數 ETF，因為市場指數會定期更新，換入優秀公司，換走差劣公司，鑑於經濟的持續發展，所以長期必定會呈上升趨勢，透過指數 ETF 就可得到**「資本增值」**獲利。

而海外常見的「F.I.R.E.」(Financial Independence Retire Early) 族，多是利用 4% 法則，當資產 (多為指數 ETF) 到達相當的額度後，每年沽出小部分資產 (一般為 4% 資產) 作生活費，剩下的資產則繼續增值，如果投資者的每年生活費只佔投資組合的 4%，就可達至財務自由。

這是一種容易的方法，只因投資者只需機械式的持續操作便可達成，對投資知識要求不高，簡簡單單即可取得 大盤回報 (Beta 值)。

但這方法有一些潛在的問題，首次因為 4% 法則是根據歷史上平均 7% 的大市回報，減去平均通脹 3% 計算出來，所以 4% 法則並不是黃金法則，只要大市回報減低或是通脹突然增加，便會令投資組合加快崩潰，這正正是 2022 年所發生的事，正在威脅投資者的生活素質。而市場中，最不缺的便是意外。

其次，選擇投資上亦存在風險，比如買入大市指數，這包含對該投資地企業的選擇，也就是說買入大市指數不一定必勝，比如早年本港散戶喜愛買入盈富基金（SEHK：2800），結果是 5 年間每況愈下，買錯指數只會欲哭無淚。

圖表 0.1　盈富基金 (2800) 股價 (2018-2022)

資料來源：YahooFinanceChart

換句話說，即使是美國大市長期錄得不俗回報，一直是 FIRE 族的熱門選擇，但是你必須考慮，美市是否一如既往，在你累積資產期間及退休後仍一直保持強勢？如果在你退休後美市轉為劣勢，則會大大加深「重投社會」的可能性。

所以，筆者對指數投資有一定的隱憂，這些隱憂會傷害投資計劃的穩定性，而活得久便一定會面對這些問題，年老者更可能會面臨老無錢剩的困境。

而且，筆者相信資產應是不斷累積，如果此投資法是要不斷變賣資產，則是違反了筆者的信念。

相反，「現金流投資者」則是透過買入股票及債券，藉兩者之現金流回報不斷滾存及再投資，透過資產的累積，現金流收入不斷上升，當現金流回報大於日常支出，便可達成財務自由。

現金流投資的優勢是「有數得計」，即是投資方法具備「確定性」、「穩定性」、「彈性」及「持續性」，跟投機飄忽不定的回報可說截然不同。

但這優勢同樣是現金流投資的最大問題，因為回報是由：「本金 X 回報率 X 時間」 三者組成，運用現金流投資的確可確保回報率的穩定性，但根據「等價交換」原則，《鋼之鍊金術師》有云：

 「人不作出犧牲，就不會得到任何回報，想得到一樣東西，就必須付出同等的代價。」

當投資者選擇了回報率的穩定性，便需要在「本金」及「時間」兩者間取捨，所以傳統收息現金流投資往往出現兩種情況：

- 只適合本金多的投資者，有了第一桶金後轉入現金流。
- 只適合時間多的投資者，在年青時投資，等待 30 年後財務自由。

理想很美好，現實很骨感，無奈的是筆者在本金及時間上也沒太多。筆者本金低、也不希望年屆 60 後方退休，唯今之計，只有利用槓桿，把回報率推高、從而累積本金、構成正向循環，加快資產累積的效率，把達至財務自由所需的時間盡量縮短，為了這樣，便必須提升財商及遵守槓桿的原則，這是事實，這也是現實。

槓桿不宜長開 風險必須管理

投資回報是對現實理解的變現，所以在市場風雲變幻的情況下，初學者宜先了解複息效應，慢慢學習防守之道，確保投資獲利的穩定性；而進階者便可嘗試利用槓桿，以合乎風險回報比的方式，進一步擴大自己的獲利。

現實本是變幻無定，而槓桿的存在更會倍大風險，所以運用槓桿對於投資者的知識及操作實戰策略的要求更高，而對於進階的投資者來說，槓桿也從來不可長期打開，長開之下必會遇上意外。

而面對風險時，最佳方法是嘗試理解它，以及找出減低風險的方法及當中的規則，這也是現金流投資者所稱的：

- 現金流選股
- 現金流估值
- 現金流組合配置
- 現金流操盤

所以撰寫本書之時，筆者希望手執此書的你，是一名願意持續學習及思考的投資者，而此書將會以簡易的文字及理論去解釋筆者的想法。

傳統收息族的盲點

一提及「現金流」時，很多人便會聯想起「收息股」，這是無可厚非的。

買入「收息股」原是透過每年定期收息，以股息作為被動收入，然後透過不斷買入收息股及「股息再投資」，增加被動收入。在「複息效應」及「股息增長」下，被動收入會持續增加，在一段時間後達成「被動收入大於主動收入」。

這是傳統智慧，也是傳統上的認知。

打開這本書的你，相信也是以「被動收入」為目標，如果你有一定的投資經驗，請回想一下你的投資經歷，這些年的體會可會是：

「夢想很美好，但是現實太殘酷。」

以下筆者列出「港股收息族」常見的難處，認同的話，不妨悄悄打個✓。

一．買優質收息股 → 股息少 → 效率低

優質收息股特點是業務穩定、有持續的股息增長，但是好東西自然多人追求，需求拉動價格上升，結果它們的股息率長期只有 3 至 4 厘。

當每年只有 3 至 4 厘股息回報，「股息再投資」的效率便低，十分依靠投資者的主動收入。當股息回報太低時，投資者很容易受股價波動所迷

惑，從而進行一系列高難度動作：「Timing the Market 炒賣收息股」。

二．買高息股 → 中價值陷阱 → 易中伏

為了增加股息回報，不少投資者會買入高息股，但是高息股一直「高息」總有原因，很有可能是「價值陷阱」，如果中了陷阱，輕則輸掉時間成本，重則「賺息蝕價」，造成永久損失。

事實上，股息來自公司的現金，如果公司長期給予股東高水平股息，會減弱公司的發展能力及抗壓能力，長期對公司不利，得不償失。

所以單單根據「高股息率」的投資邏輯而買入高息股，多半沒有好結果。

三．一年兩息 → 出手慢 → 彈性低

港股普遍一年只有分發兩次股息，進行股息再投資時十分被動，派息時立即買入，便會無力在股價低迷時掃貨，如果不立即買入，即會Timing the Market。

如果要月月有息收，更要細心安排，這難免買入質素普通的公司，亦可能踏中價值陷阱，做成賺息蝕價，也是得不償失。

四．手續費貴 → 效率低 → Timing the Market

港股的買賣設有最低消費，對一般投資者而言，交易費會拉高投資成本，平白吃掉收益，減低回報率。

如果為了拉低交易成本所佔的比例，則需重注出手，更加側重了 Timing the Market 的操作。

五 . 高門檻 → 難出手 → Timing the Market

港股的買賣設有最低買賣數量，買賣一手優質收息股時，動輒得花幾萬元，大眾投資者難以一口氣買入。而當存了足夠一手資金入貨時，多會因手續費貴的關係，投資者傾向 Timing the Market。

「月供股票」或「先增值 後現金流」的問題

把上述因素放在一起，難怪不少投資者會變成 **「炒賣收息股」**，本來投資收息股，是為了收取股息，獲得被動收入，事實上投資者卻十分在意「股價變動」，實在有違原意。

鑑於種種的限制，倒是出現了「月供股票」或是「先增值，後現金流」的折衷之法，但筆者須指出當中的問題：

- 「月供股票」長期維持同一操作，投資者難以累積投資經驗從而提升投資技巧，財務智商（簡稱財商）無法建立。如遇市場突變，便進退失據。

- 「月供股票」是一個長期的持續計劃，但企業是一個不斷改變的個體，投資者在財商不足下，很可能在月供過程中有關股票基本面已變而未有察覺。

- 「月供股票」會產生碎股，令投資者難以變賣轉陣，彈性較低。

- 「先增值，後現金流」部署，意味投資者需習得此兩種投資法，學習一種投資法已需經年累月才有成，而再學另一種投資法，過程免不了要交巨額學費。

- 「先增值」即是年輕時投資「成長股」或是「潛力股」，而事實上投資股票具有相當難度，「成長股」更是挑戰知識門檻及心理質素的股票類型，投資初學者何必一開始就直接向高難度挑戰。

以上兩個策略固然有其獨到之處，筆者在此提及其潛在問題，只為指出投資不在乎「本金多少」，而在乎「方法論」，只要「方法論」正確，投資獲利就會是一個**不斷複製的過程**。

衝出香港 投資海外市場

如前文所言，「只投資香港股票，尤其收息股，難以累積財富及被動收入」。

- 效率低、易中伏、彈性低、高費用、門檻高
- 回報：心照不宣

事實上，投資者只要放眼海外，便會發現外面的世界十分精彩，不必困守一地。

尋獲低門檻、高靈活性的投資工具

在香港說起投資，大眾多談及股票。股票投資門檻低，卻要具一定投資知識，若想取得可觀的回報，更需曉得「反人性」的操作。據統計，大部分的散戶在股市多是蝕錢或打平，投資股票從來有難度。

當投資者希望得到穩定回報，往往會投資債券。不幸的是，在香港投資本地債券需要取得專業投資者資格，即是一百萬美金的資產，對於大眾來說，這稱不上是低的門檻。

香港的金融投資困境，正正是「難度低的門檻高、難度高的門檻低」。

如果走出香港，便會發現完全不同的景況：

- 想有現金流回報的，可投資固定收益資產，其門檻十分低。
  - 優先股、交易所債券 (ETD) 只需 25 美金即可入場
  - 美國公司債券只需 1000 美金入場

- 想有現金流、分散風險，但卻不想深入學習投資知識，可投資封閉式基金。
  - 每月收股息，按一股一股買賣，靈活性十足。
- 想有極高現金流，又不想學期權操作，可投資股票分置基金 (SSF)。
  - 每月收股息，按一股一股買賣，靈活性十足。
- 想要資本增長，分散風險，卻又不想深入學習投資知識，可投資指數基金 (ETF)。
  - 一口氣買入眾多大藍籌，取得貼近大市的回報，同時分散投資風險。
  - 可按一股一股買賣，靈活性十足。
- 想要資本增長，又願意深入學習投資知識，可投資個別股票。
  - 同為個別股票，但海外市場普遍沒有一手手買賣限制，可直接買賣碎股，在倉位調整及風險控制更為靈活方便。

加上近年海外券商減低手續費，不少更成為零手續費券商，手續費比銀行買賣或月供股票更低。

配合上述所言，投資海外金融市場正正是

「門檻低、高靈活、種類多、手續費低」。

剩下的便是回報的考量，這一點比較個人化。同為投資者，筆者相信只要你明白自身需要，及略加學習投資知識，便可取得不俗的回報。

提高投資回報

投資海外的另一層意義，便是找出更優質的公司，提高投資回報。

股票的本質是公司的股權。買入股票即是買入公司。當你投資香港上市的公司，多是本地及中國公司，投資地域、業務相對有限。

事實上，全球市值最高的公司多半是美國公司，如蘋果（US：AAPL）、微軟（US：MSFT）、谷歌（US：GOOG）等。這些公司深入每一個人的生活當中。如果你認為未來它們仍會繼續成長，會為投資者帶來不俗的回報，投入海外市場是必然的行動。

分散地域風險

管理風險有兩個重要原則：「只買懂的投資」及「不要把所有資金放在一個盤子」。

香港投資者往往有「本土情意結」，喜歡買港股，傾向買熟悉的股票，以為細心分析及照顧投資組合，分散投資於不同行業，便萬無一失。

但以筆者的思路，只要把目光拉遠，便會發現另一張圖畫。

如果今天你：

- 在香港工作 ► 「主動收入」
- 在香港買樓 ► 「流動性低、高槓桿的非流動資產」
- 在投資香港股票 ► 「流動性高、波幅大的流動資產」

你會發現自己正在全盤押注在一個名為「香港」的盤子上，即使在投資上如何分散行業風險，**只要「香港」這盤子出現波動，便要面對全面崩盤的可能性。安全起見，何不把一部分資產放在其他的盤子上呢。**

所以，投資海外的另一層意義，便是透過落注於不同市場的資產配置，分散地域風險。

動態的現金流
如棒球佈陣

投資是一個非常個人的事，關乎投資目的、財務知識及個人性格。在此筆者先談談自己的投資哲學。

筆者出身基層家庭，自少父母為增多一點的收入，每每於食飯時開電視收看財經人士的講解，辛勤抄下一個又一個「Number」，所以在筆者整個成長期，可謂是「財演汁送飯」。兩老的投資成績當然不盡人意，畢竟股票不是「Number」，其背後是一間間獨特的公司。

正因如此，當筆者展開投資之路，以及跟谷友互動時，就發現一個問題，普通人投資時往往沒有明確的投資目的，從不想從何而起，更遑論制定投資目標、風險管理策略等。當投資的思考回到原點，由於每個人的投資需要不同，筆者深明投資不是一篇又一篇的罐頭文。

組合配置、配置時機及槓桿時機

對於動態現金流的理解，源於電影 Kano 中近騰教練評價球隊的一句說話

- 本土人跑得快 (Natives are fleet on foot)
- 漢人擊球強 (Hans are strong batters)
- 日本人擅長防守 (Japanese are good at defense)

那電影講述無人睇好的棒球隊伍，原本一勝難求，但在近藤教練的指導

下取得全島冠軍的真實故事。他指出雞尾酒球隊的特性，只要多加運用及變化，便是完美的組合。

我認為，投資組合有如棒球佈陣，金融市場產品眾多，各種資產各具特性、各有優劣，重點是**如何選擇、配置時機及槓桿時機**，從而達成投資目的。

亦即是説，投資不止是「研究個股」，亦必須考慮「組合配置」，同時還有「出場時機」及「退場時機」，這是筆者經常思考的問題。

經濟環境不斷轉變，投資理應根據現實情況作出調整，透過改動金融產品組合的配置，以較佳的風險回報比達到投資目的，達成一種**「動態的投資策略」**。

我認為，理想的投資組合，跟棒球佈陣十分相似，分為進攻隊員與防守隊員，兩者同樣重要，在整個賽事中互相掩護，進而取得分數——投資回報。

防守方 & 進攻方　互相掩護

如果現金流回報為防守、資本增長為進攻，下列組合可說攻防合一：

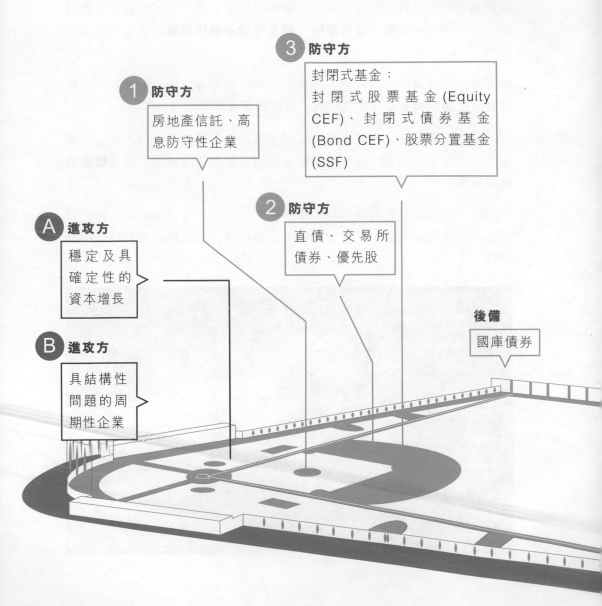

3 防守方
封閉式基金：
封閉式股票基金 (Equity CEF)、封閉式債券基金 (Bond CEF)、股票分置基金 (SSF)

1 防守方
房地產信託、高息防守性企業

2 防守方
直債、交易所債券、優先股

A 進攻方
穩定及具確定性的資本增長

B 進攻方
具結構性問題的周期性企業

後備
國庫債券

防守方：

1
- 穩定現金流與現金流增長；
- 具備相當的息率，業務有一定增長力，具現金流增長能力；
- 隊中主力球員，可攻可守，但受制於結構性變化及需待入貨機會。

2
- 固定收益資產
- 具備高現金流、高確定性及保本功能；
- 利用息差鎖定收益，為進攻提供子彈，亦可為防守回血，但受制於通脹壓力及利率變化。

3
- 具備高現金流、內置槓桿及月月收息功能；
- 利用息差鎖定收益，為進攻提供子彈，亦可為防守回血，但受制於底層資產及基金管理質素。

進攻方：

A
- 具成熟業務及深厚護城河的企業
- 具備極高現金流、並用以企業內部成長，構成穩定的資本增長
- 受制於出手機會，好的投資永遠是
  - 普通公司、便宜價格
  - 優秀公司、普通價格

即使是買了一間好公司，如果價格太高，這也不是好的投資。所以需要防守方提供子彈，在機會出現時方可出手。

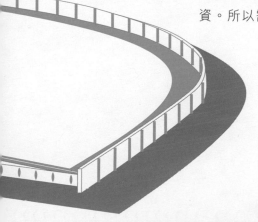

B
- 因結構性問題而令該行業穩定地取得巨額現金流，藉而取得極高的現金流回報或資本增長。
- 在合適時機出手，可無視利率的引力，借通脹的順風來獲利，但時機不是經常出現。
- 不過，這種企業沒有持續上升力，受制於出手時機，以及當結構性問題解除時必須離場。

後備：

- 風和日麗時並不重要，毫無進攻能力，更可能拖慢成長。
- 但大逆風時，則具備鐵壘般的防守能力，資金會一直追入避險，所以當預感出現重大波動前入手，反手去收割避險資金。

每一名隊員均有各自的優劣，而防守永遠比進攻更為重要，因為所有進攻也是由防守的現金流而起，一旦得分，便馬上可以藉跑壘（槓桿）來擴大得分，在一攻一守互換之間，正是一個「利率周期」。

現金流投資是你杯茶嗎？

「投資」是長跑之旅，投資者想獲利，把金錢投入市場的時間及耐心，遠比估算市場的能力來得重要，即是投資的第一道原則：

「Time In the Market > Timing the Market」

而在投資的行為上，「投資者」本身往往是最大的風險，即隨其投資知識及心理質素所波動，所以找到一種符合自己性格的投資法十分重要。

現金流是一種搵「慢錢」的投資法，如果你對以下的內容有所認同，或許現金流正是適合你的投資法：

投資初學者：

- 現金流投資法較易掌握，穩定的收益及較高的容錯性，令你在投資路上交少點學費，慢慢找到自己的投資風格。

年青人：

- 現今向上流的難度不低，年青人應集中精力發展事業，把握畢業後的黃金十年，打下扎實的事業基礎，建立廣闊人脈。
- 投資則應從簡，以放出空間及時間完成上述目標，只需透過複息效應，產出可觀的被動收入。

保守投資者：

- 保守投資者當然不適合投機短炒，而價值投資需要花時間學習企業估值，相對之下，現金流投資具有高確定性回報，你可計算出每月的被動收入，經過簡單的資產配置，即可安心地月月收息。

中年的投資者：

- 人到中年，「上有高堂，下有妻兒」，往往要面對中年危機，也許投資已是為了穩定地支持家庭經濟，這本書的所詳釋的現金流投資法，或許幫到你減輕生活壓力及提早贖身。

移民海外的家庭：

- 打算到海外生活的家庭，面對海外生活的種種不確定情況，筆者建議盡早投資海外市場，累積當地的資產，得到當地貨幣收入，減輕日後的生活壓力。

準備退休的人士：

- 相比「退休食老本」，穩定地獲取「被動收入」是較理想的退休生活模式，最怕退休時期已花盡積蓄或是遇上各種疾病，及早累積現金流資產，可令你退休生活更具保障。

筆者認為，現金流投資要有效果，需由多方面入手，「投資知識」、「工具認知」、「心理質素」、「投資策略」缺一不可，我會再以下章節分享這幾方面的所思所想。

第一章

動態現金流的
重要概念

1.1 投資的核心在於「現金流」，不是現金！

翻到這一頁的你，不妨靜心細想，你「投資」到底是為了甚麼？

很多人會說，投資是為了以錢搵錢，長期投資就是為了獲取更多更多的錢。

這看法不完全正確，也不完全錯誤。

錢是購買力 (Purchasing Power)，由鈔票這媒介所盛載。如果你知道鈔票的英文是「Note」，其本質上是一張借據，一張會不斷貶值、或是購買力持續遞減的借據，你便會深深明白到，積存鈔票其他意義不大。

日常生活中，交收鈔票仍有必要，但**擁有鈔票不如擁有印鈔機**！這個印鈔機亦是現金流投資者口中的「資產」。

金錢本虛無　請存取資產

有別於會計學上定義，《窮爸爸，富爸爸》作者羅伯特清崎於書中指出：

資產：是任何能把錢放進你口袋裡的東西
負債：是任何從你口袋裡拿走錢的東西

知名創業家 Starman 於《現金流為王》亦指出，收入、資本和有效資產是投資者必須認識的基礎概念，三者共通點是現金流：

收入　　：持續現金流收益

資本　　：用作投資 / 買入有效資產的現金流

有效資產：能持續產生現金流的資產

當看到引文，便會發現種種事物核心在於「現金流」：

- 資產即為 Cash Inflow，負債即為 Cash Outflow。
- 收入、資本、有效資產則為不同面向的現金流。

重回地面，用更直白的表達則是**「現金流生出資產、資產生現金流」**。明白這一點，就會發現現金流投資者是把「時間」化為隊友，藉「複息效應」把雪球滾大，藉以令被動收入增加，令投資者逐步從職場的枷鎖中鬆脫，獲得財務自由。

換言之，現金流就是一場**「累積資產」**的遊戲，累積起點及終點也是現金流。當明白這一概念，下一個議題便是：

- 「要存甚麼資產」
- 「如何加快資產累積」
- 「如何在過程中控制風險」

由於現金流投資者極為注重「時間」及「複息效應」，進一步則注重「槓桿」及「去槓桿」，然後你就會開始理解：

現金流投資者往往是沒有現金的。

1.2 進攻與防守
來自現金流的獲取與運用

現金流，既是投資者建立投資系統時須掌握的核心概念，亦是投資者評估企業本質及質素時可以用上的一把尺。

企業價值 由現金流衡量

說到底，企業只是一部獲得現金流的機器，所以價值投資者為該企業價值作估值，就是把現金流、現金流成長、利率及時間放在一起考慮，這就是「現金流折現」(Discounted Cash Flow) 的估值方法。

其實，現金流投資、成長型投資、傳統價值投資都關注「現金流」，只是聚焦點有所不同：

- 對於古典型價值投資者，發現「價格」及「價值」間的差距，等待價格回歸價值，便可從中獲利；
- 對於成長型價值投資者，考慮企業的現金流及外在環境的「質性因素」，估算其未來現金流成長的速度，從中得出估值，繼而獲利。
- 對於現金流投資者來說，現金流是估算工具、防守與進攻的基礎。

企業對現金流的「運用」，對一個負責任的管理層來說，就是「如何」為股東「創造價值」，而當中涉及兩種現金流——一是現金往內流 (Internal Cash Flow)，一是現金往外流 (External Cash Flow)。

Internal Cash-flow（現金往內流）

把現金流投放於公司，**由管理層決定**如何使用，可以是內部再投資研發或是放在儲備，這就是「**Internal Cash-flow**」。

- 當保留為儲備時，可提高企業面對不景氣時的抗壓力，減低營運風險。
- 當保留為儲備時，企業可等待合適的發展機會。
- 當企業把現金用於研發或收購，如果成功的話，則增加企業的競爭力，再轉化為營運現金流，而價值的提升最終應顯示於價格。由於價值提升是持續的，價格的提升也會持續，這就是「成長型企業」。

External Cash-flow（現金往外流）

把現金流投放給股東，就是**由股東自己決定**如何使用，可以是**股息發放**或是**股票回購**，這就是「**External Cash-flow**」。

- 當股東收到股息時，便可自由運用於不同的用處：消費、儲蓄、再投資。
- 當企業決定回購股票時，便會抬高股價，當股東需要現金時，便可按較高的價格賣出，從而獲得利益。

當然，企業的現金流如何運用，該「**由管理層決定**」還是「**由股東決定**」，則需視乎眾多因素，比如增長不一定是好事，盲目的增長或是併購只會浪費現金，在營運上更可能分散管理層的精力及企業文化，在量性及質性上雙雙掉進陷阱。

這涉及管理層的能力及道德素養，是另一質性的考慮。與其是這樣，倒不如企業把多餘的現金以股息或是回購的方式退回給股東，讓股東決定

用途。關於這一點，不妨多讀《巴菲特寫給股東的信》或是彼得林治 (Peter Lynch) 在 *One Up On Wall Street* 及 *Beating The Street* 中關於「多慘化」發展的描述，這 3 本書也是價值投資不可多得的書籍，誠意推薦予讀者。

更重要的是，企業如何分配及運用其外部或內部現金流，決定了該企業的防守或進攻屬性，投資者可以此作衡量，選擇合適資產，以建立自己的防守組合與進攻組合。

防守組合三大追求 不可兼得？

在防守組合中，企業將現金流投放給股東及債主 (External Cash Flow)，對投資者而言，便是自主性大增，有權運用當中的現金流。事實上現金流是所有投資的起初，是累積資產的雪球，亦是對生活彈性的追求：

- 現金流可去槓桿為防守
- 現金流可回血留為備用
- 現金流可再投資進攻
- 現金流可提取以支撐生活所需

防守組合是現金流投資的核心，亦是槓桿的泉源。

穩定性 vs 高收益率 vs 現金流增長

防方組合是為獲取穩定而具增長性的多元化現金流，這組合當中包括了房託、公用股、防守性高息股、債券、優先股、交易所債券、封閉式基金、股票分置基金等可持續穩定產出現金流之資產。

透過合理的分配以拉升現金流效率，投資者可以每月或是每兩星期的頻率取得現金流。

圖表 1.1　防守組合的三大追求

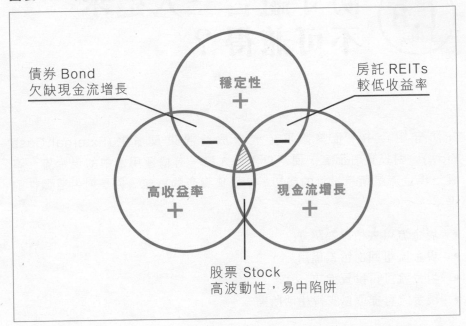

防守組合有三大追求——「穩定性」、「高收益率」、「現金流增長」，
而在構成防守組合之時，你會發現出手時機的重要性。

除非處身於熊市，這三者不會同時兼得，但如果你有幸在熊市進入市場，
那時價格會重新重置。所以，熊市是一個充滿機會的時機，應是盡情出
手的時光。

不過，在「正常情況」下的大市，穩定性、高收益率，現金流增長三者，
實在難以同時存在：

- 穩定而高收益率的，往往沒有現金流增長。
- 穩定而高現金流增長，往往低收益率。
- 高收益率及現金流增長，往往沒有穩定性，甚至可能是價值陷阱。

累積核心資產　套息工具資產

相信大部分投資者也經常面對這個窘局，為今之計是利用不同資產作組合配置，盡量令三者兼得。進階投資者亦可以適時運用槓桿，不過，用槓桿前必須明白，哪些是長期持有的核心資產，哪些是輔助用的工具資產。

核心資產：房託、防守性高息股
工具資產：再細分兩類：

- ♦ 固定收益資產：債券、優先股及交易所債券。
- ♦ 封閉式基金 ：封閉式股票基金、封閉式債券基金及股票分置基金。

核心資產具有穩定性及現金流增長，能有效地打敗通脹，而工具資產具有穩定性及高現金流，但受通脹影響。

所以現金流投資整個過程的目的，是累積核心資產，再透過工具資產的高現金流進行套息，加快資產累積的時間。

擴展防守組合時，可透過投資全球，盡取各地優良產業，同時分散地域風險：

- 比如筆者的防守組合成員：
  - ♦ 英國的金融服務
  - ♦ 加拿大的能源及銀行業
  - ♦ 香港的租務及公共事業
  - ♦ 新加坡的多元化房託及資產管理
  - ♦ 美國的債券及基金
  - ♦ 澳洲的房地產

核心資產 應選低周期性

防守組合的持股，應為具防守力的資產，業務既穩定，減低受外在經濟環境所影響，在回報方面亦能穩定提供現金流，而且現金流能穩定增長，抗擊通脹，所以在選擇時有一些注意事項。

遠離周期性股票

周期性股票是指那些跟經濟周期有緊密相關性的股票，由於強烈地受到經濟周期影響，做成其股價及股息大上大落，跟普通企業表現大相逕庭。當每一次熊市時，種種因素令經濟急速變差，這些周期股便會無故中箭，即使管理層極為優秀，亦難阻股價的下跌及業務轉差。當投資者處於槓桿時，周期股更會增添不必要的風險。

當中常見的例子：

- 能源類 (中游能源除外)
- 傳統銀行類
- 資源類
- 航運類
- 抵押型房地產投資信託

投資周期股需要配合專業學問，因為每一行業的投資邏輯也不盡相同，其興起及衰落往往會在短期內發生突變，所以投資者需定時監察行業的生態結構，如果不能適時離場，便會馬上被套，嚴重者更會做成永久損失。

所以，除非你肯定行業已進入了結構性的問題，否則不宜以周期股作防守核心。

遠離政策風險股票

投資必然面對風險，投資者理應在追求回報的同時，盡量壓低及分散風險。而在眾多的風險中，政策風險最難預料，而一旦爆發政策風險，它的影響力也是無法計算的。

政策風險影響眾多行業，包括美國一度興起的私營監獄、煙草類企業、濠賭類企業或是依賴政策為生的行業。投資者不單要迴避這些行業，即使是其上下游有關的公司亦宜盡量遠離。

在自序中筆者曾提及，2021 年在滴滴打車 (DIDI) 的風波中，發現投資的巨大政策風險。由於筆者一直奉行「先風險，後回報」，加上新冠疫情仍揮之不去，當時實在不是擁抱風險的時候，避開有政策風險的中概股，所以近年沒有踏中這些中概股的巨大風險及陷阱。

而美國的私營監獄是一直飽受傳媒攻擊，引起民眾的反對及要求取締，間接造成了私營監獄難以融資，導致整個板塊的股票也是碰不得，但由於國營監獄設備供應不足、需求強烈，它們的債券倒是不錯的選擇。

筆者立場是，如果該投資地區的政局不穩或是政策經常轉變，亦應盡量減低該國的投資比重，因為你永遠不知道甚麼時侯政策會轉變，當政策轉變時企業的基本面會完全改變，大大小減低其投資價值，而政策風險的存在亦會令估值持續受壓。

投資具有機會成本，當你投資了一間公司，定必放棄其他公司。若果資金沒有出路，只能夠投資於當地，總得面對這些風險。但是在全球化投資下，投資者實在沒有必要把資金放在不必要的風險之下。

工具資產 套息有法

要留意的是，固定收益資產如債券具有保本特性，但飽受利率風險影響，如果低於票面值時，為優先槓桿對象。如果固定收益資產出現溢價，則可考慮封閉式基金為套利工具，只是它們的底層資產各異，在配合時需考慮其底層資產的情況。

可因應利率的周期轉變，調整組合內成員比重，把利率化為隊友，提升資產累積效率。或是因應「通脹」的議題，調整組合內成員比重，從而有效打敗通脹。

筆者會於第八章詳論利率變動如何影響出手，轉手及收手的決定。

1.4 進攻組合 以現金流推動資本增值

進攻組合的主要目的在於長期資本增長,這一點關乎投資者對企業的理解,即是找出業務長期增長及願意回報股東的公司。也就是企業業務深厚的護城河及優秀的管理層,亦涉及了解管理層如何分配及運用其 Internal Cash Flow。

關於資本增值,普通投資者有一個常見的誤解,便是成熟的公司增長會變慢。為了達成資本增值,便會跑去買所謂的「潛力股」,在一眾中小型公司中尋找下一個蘋果、下一個騰訊、下一個微軟。

事實上,商業世界弱肉強食,巨企也會步向黃昏的一天,何況是中小企業的存活,除非閣下是該行業的從業員,得知業內最新的趨勢及變化,否則在中小企業中尋寶,需要面對不菲的風險。

網絡效益 放大護城河

在資訊科技發達的今天,網絡效益 (Network Effect) 無限倍放大,一眾科技巨企 (Mega Tech) 的現金流極度充足,它們具備成熟的商業模式,深厚的護城河,既能維持現有業務,回報股東,也有足夠的空間承受錯誤及打開新的增長點。它們價值創造的能力變得不可思議,一再把價格的天花板拉高。它們風險低而回報一點也不失禮。

舉幾個例子：

2012 年蘋果 (US：AAPL) 推出 iPhone 5，在那之前蘋果的產品掀起全城炒賣潮，炒賣蘋果手機能取得不錯獲利，那時蘋果已是全球聞名的企業。如果 2012 年時把 $10,000 元投資於蘋果股票，10 年後你會收到 $105,273，收益超過 10 倍，複合增長達 26.3%。

2012 年微軟 (US：MSFT) 業務已發展得極為成熟，每一個中學生及小學生也學會使用微軟的軟件，微軟基本上早達至無人不知、無人不用的地步。如果 2012 年時把 $10,000 元投資於微軟股票，10 年後你會收到 $119,474， 收益超過 10 倍，複合增長達 27.89%

2012 年 Google 的業務已經成熟到一個點，成為搜尋業務的霸主，Google 也變成英文字典中代表搜尋的一個動詞，如果把 2012 年 $10,000 投資於 Google 母公司 (US：Goog)，10 年後你會收到 $90,690，收益超過 9 倍，複合增長達 24.44%

下面的圖片是在 Portfolio Visualizer 找出來的三大科網巨企的 10,000 美元的回報增長：

圖表 1.2　科網巨企投入 10,000 美元的回報增長 (2012-2022)

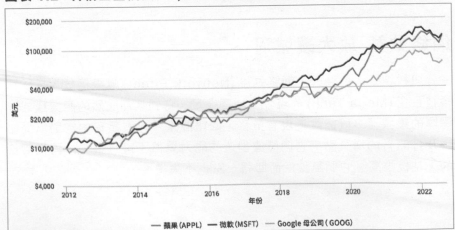

資料來源：Portfolio Visualizer

讀者可計算一下，這些巨企過去數年的投資回報更持續 20% 以上，要獲得這種複式回報，不論在散戶或是專業基金經理也是極難做到。如果為了得到更高回報，則需要跑去投資中小企，那更是困難重重，那是風險回報比的問題。君不見即使是專門投資新一代成長股為主題的基金，也會在股市的波動中吃上大虧，難以堅持到底。

反觀這些巨企業務成熟、極為知名、回報豐厚，也與我們日常生活息息相關，如果其產品及服務欠佳，身為用戶的我們也會立即察覺，如此一來，風險較容易控制。對於這些巨企，我們只需一直持有，讓**時間**給予它們持續成長，為股東取得回報，為投資組合去槓桿，令投資組合持續更趨完善，這也是坐着數錢的樂趣。

勿當「價格投資者」

坊間不少的聲音都說，美國進入超長的大牛市，股價長期上升，巨大資產泡沫很可能重演 2000 年科網泡沫，股價到時會一跌不起。

我認為，投資跟現實息息相關，美國科技股價的確長升長有，但是泡沫與否則關乎其升勢是否以業務持續增長所支撐。

事實上，自 2000 年科網熱潮後，經過 20 年的發展及沉澱，科技與人的生活已是密不可分：iPhone (US：AAPL) 手機把你從睡夢中叫醒、上班使用 MS Word (US：MSFT)、午飯期間打開 Netflix (US：NFLX) 看片、順手去淘寶 (HK：9988) 買平貨、深夜加班後叫 Uber (US：UBER) 回家、在車中翻開 instagram(US：META) 八卦朋友最新的消息、臨睡前打開電腦 Google (US：Goog) 一下有沒有更好的工作，然後打開 IB (US：IBKR) 查看今個月的股息收入，思索下個假期要去哪間度假屋 (US：ABNB)。

以上科技企業股票價格上升了，但泡沫並不一定會出現。所以，請記住以下原則：

- 要當一個「價值投資者」，不要當一個「價格投資者」。
- 企業所有的價值，源自其獲得的「現金流」。
- 當估值企業價值時，應依據現金流為估值的基礎。

不用找「下一個XXX」

也正是這些原因，筆者是很少去碰那些新科技股、新成長股、所謂的「明日之星」：

不用為找下一個蘋果而跑去買小米 (HK：1810)
不用為找下一個谷歌而跑去買百度 (HK：9888)
不用為找下一個微軟而跑去買金山軟件 (HK：3888)
不用為找下一個領展而跑去買置富信託 (HK：778)
不用為找下一個 AMZN 而跑去買 Coupang(US：CPNG)
不用為找下一個 Facebook 而跑去買 Twitter(US：TWTR)

對於業務成熟的科技巨企，它們本身已建立成功的盈利模式，不但離開了燒錢模式，更是進入了印錢模式，部分更因為業務的性質進入了天然壟斷 (Natural Monopoly) 的情況，進一步阻止競爭對手進入相關市場。對於投資者而言，企業壟斷是其中一種最好的情況。

投資成熟印錢的企業是一件令人安心的事。因為其成熟的商業模式，大幅減低了投資失誤的可能性，投資者只需留意其服務質素會否惡化，及是否出現新的競爭對手。

留意企業基本面的變化

如果巨企服務質素惡化，以及迎來新的競爭對手，投資者便須考慮其基本面及商業模式是否存在改變，如果一旦發生巨大變化，便要提早減持或離場。

比如 Netfliex，它開啟了串流媒體 (Streaming media) 的先河，是串流媒體的領頭羊，在過去 10 年為投資者引來超額的回報。但踏入 2020 年，Apple、Amazon、Disney 也宣布進軍串流媒體業務，本來由 Netfliex 壟斷的市場，化為寡頭壟斷，這已是種下危機的種子，串流媒體業務是對手的增長點，但對 Netfliex 來說卻是本命，不容有失，投資者需密切留意其市場的佔有率及飽和度，對於保守投資者來說，我認為自 2020 年起已要減低 Netfliex 的注碼。

而踏入 2021 年，筆者身邊的師奶同事為了家中小朋友而紛紛訂閱 Disney＋，相比之下，Netfliex 資本支出 (Capital Expenditure) 上天生的缺陷，需要持續花費大量現金流來維持訂閱量，造成極低的自由現金流 (Free Cash Flow)，我認為投資 Netfliex 的邏輯已發生根本變化，它的好日子大約完結了。如果你在這時空背景下抄底，其實很容易中招。

圖表 1.3　2009-2019 年表現最好的 20 隻股票

排名	企業	本金 100 美元的最終收益
1	Netflix Inc.	$3,867
2	MarketAxess Holdings Inc.	$3,282
3	Abiomed Inc.	$2,221
4	TransDigm Group Inc.	$2,165
5	Broadcom Inc.	$2,019
6	Align Technology Inc.	$1,558
7	United Rentals Inc.	$1,534
8	Regeneron Pharmaceuticals Inc.	$1,530
9	Ulta Beauty Inc.	$1,333
10	Amazon.com Inc.	$1,309

資料來源：Visual Capitalist
* 以 2009 年 12 月 31 日至 2019 年 12 月 5 日的總收益及股息再投資計

防守與進攻
1.5 分散與槓桿

放近視野　檢視資產類別分散度

如果你把視野放近一點，請檢視防守與進攻組合之間，是否已達成資產類別分散化。

防守組合可覆蓋金融服務、中游能源、房託、公共事業、債券等傳統行業及投資工具，它們業務簡單且價格穩定，只是業務發展具備天花板，在傳統投資上，必須以高賣低買來擴展回報。

進攻組合可覆蓋各種新型的業務，從軟件設計、晶片設計、晶片生產、手機品牌、廣告投放、串流媒體、雲端計算，它們的業務發展近乎沒有天花板，但是其價格波動較大，需要時間給予其發展才可取得美滿的回報。這些科技巨企同時具備成熟業務及不同新增長點，這是極佳的風險回報比。

當投資者的能力圈進一步開發，便可從金融服務、資產管理、租賃等行業中找到其他進攻成員，進一步分散風險。

如果把防守組合與進攻組合放一起，自然便構成資產類別分散化。各自成熟的業務亦降低了失誤的機會率。事實上，投資不需要很多亮眼的買賣，只要把失誤盡量減少，投資成果就已會比大部分人來得好。

分散投資 不是為分散而分散

不過，為了追求回報，近年投資者間流行「集中投資法」。這類投資者認為分散投資只會減低回報，他們只需找出前景極為優秀的公司，重倉買入，便可最大化其回報，所以他們往往持股只有兩三隻股票，或更甚只買一注獨贏。

對於這類投資法，筆者當然持保留態度，「生意要集中、投資要分散」是筆者一直堅守的原則，在此亦想談談分散投資的考量及常見的誤解。

分散投資最常見的陷阱是為**分散而分散**。筆者舉例子說明一下：

例子一：為了分散投資，買入陽光房地產基金 (SEHK：435)、匯賢產業信託 (SEHK：87001)、買入招商局商業房託基金 (SEHK：1503)、順豐房地產投資信託基金 (SEHK：2191)、富豪產業信託 (SEHK：1881)。

在這例子中，5 隻香港房託分散了地域及行業，但這 4 隻也不是一流級別的房託。如果為分散投資而買入次級股票，後果只會弄巧成拙。

例子二：為了分散投資，買入阿里巴巴 (SEHK：9988)、騰訊控股 (SEHK：700)、百度公司 (SEHK：9888)、嗶哩嗶哩 (SEHK：9626）、京東集團 (SEHK：9618)。

在這例子中，5 隻香港上市公司的確是中國一流的公司，但也正正全是中國公司，只要監管條例一收緊，或是遇上中國經濟下行，便會面臨團滅的風險。

例子三：為了分散投資，買入 Palantir Technologies, Inc. (US：PLTR)、C3.ai Inc (US：AI)、Fastly(US：FSLY)、Grab Holdings Ltd (US：GRAB)、Virgin Galactic Holdings, Inc. (US：SPCE)。

在這例子中，5 隻美國上市公司「增長股」，各具「美好故事及願景」，也正正是零息環境下的明星股，但只要利率一旦增加，大環境轉變之下，這些極大利率風險的「增長股」便會夢醒，露出其發夢股的本性。

也有投資者指出，股神也是集中投資的支持者，只是普通投資者只會留意 Berkshire Hathaway Inc. (BRK) 手中的投資部門的主力持股，而沒有考慮到 BRK 眾多因持股太少而不用公布的股票，也就是説股神有很多持股是特意買到不用公布的數量，所以，不要小看他的口袋。

再加上當 BRK 遇到良好機會時便會收購企業，時至今日 BRK 已持有多達 50 多間全資擁有的子公司，所以 BRK 的本質，已是一間體型巨大且業務充份地分散的綜合企業。

當你明白以上情況，你會發現分散投資不是「為了分散而分散」，也不是漫無目的的分散。風險分散是一個有目的、有方案的計劃。

分散投資不單單是數目上的分散，行業及地區亦要有一定的分散程度。而在這個分散風險的過程中，投資者需留意資產的質素，不可為分散而買入次級股票或可能違約的債券。

分散投資與資產配置

在這基礎下，引伸下去便是防守與進攻組合的資產配置，即是利用資產間的相關性 (Correlation) 來達成分散風險之目的。

- 有些投資者會選擇**低相關性**的資產，以**減低**價格間的波動：
    - 如：屋宇、黃金
- 有些投資者會選擇**負相關性**的資產，以**對沖**價格間的波動：
    - 如：常見的股票債券投資比例
    - 如：全天候投資組合 (All Weather Portfolio)

以「利率」為錨

進取一點的投資者，更需考慮「**利率**」這一個因素，在防守與進攻組合之下，低息環境有效於新興產業的增長，加息環境則更突現傳統產業的防禦能力。投資者便可借利率的轉變來展開佈局，達成更佳的投資回報。

而現金流投資組合中，更是往往利用「利率」為錨，按利率的正負相關性而佈置投資組合，務求立於不敗之地。

如果利率出現明顯的趨勢，投資者更可因為利率的轉變而提前佈局，進一步加快達成投資目的。利率不但是配置的依據，更是出手、起手、轉手及收手的依據。我會在第七章詳談，如何以利率變化開展動態現金流的操作。

放遠視野 檢視組合之間關係

如果把視野放遠一點，你要檢視防守組合與進攻組合之間的關係。

防守組合的投資目的，是為了取得持續及穩定的 External Cash Flow，進而提供源源不盡的子彈，加快資產累積，並透過現金流去槓桿，永久地減去槓桿。

進攻組合的投資目的，是透過公司成功的商業模式，然後把產出之現金流重新分配 (Internal Cash Flow)，進而提升獲得現金流的能力，達成資本增值及資本性去槓桿，暫時地減去槓桿。

防守與進攻 槓桿操作大不同

防守與進攻組合在槓桿操作的處境下，只要時間的流逝，防守組合以達成現金流去槓桿為終點，進攻組合以達成資本性去槓桿為終點。

如果把槓桿單單放在防守組合，以得到穩定而長遠的回報，前設必定是吃投資時機及資本需求，這也是傳統上的現金流投資往往是本金多人士的專利。

如果把槓桿單單放在進攻組合，以得到巨額的資本增值的回報，前設必定是吃了巨大的股價波幅，問題是槓桿的其中一個條件是資產價格要穩定，否則犯下了槓桿的大忌。投資只要在選股或操作一個不小心便會蒙受重大損失，這也是典型股票槓桿極為危險的原因。

事實上，只要在槓桿操作時，把兩個組合一併考慮，短期內以防守組合掩護進攻組合，長期則以進攻組合守護防守組合，便可盡得兩者所長，收息與增值皆得。只因兩者的起點、過程及終點，也是現金流。

如果看得通透一點，便會發現資本市場根本是一場槓桿遊戲。槓桿與生活息息相關，槓桿的前設是現金流，去槓桿的前設也是現金流。

槓桿與分散投資密不可分

對於現金流投資者而言，槓桿倍大回報，同時亦會倍大風險。而分散投資及資產配置正正可以把風險分散化，把槓桿的缺點減去。這也解釋了為何集中投資配上槓桿往往如坐過山車，只要稍有不慎，便是車毀人亡。

如果長期處於槓桿之下，更容易遇上意外，所以集中投資及槓桿往往互不相容。

分散投資往往是槓桿其中一個先決條件，分散投資及資產配置有效減低組合的波動性，形成長期槓桿的機會。但是市場最不缺意外，長遠必定會遇上風浪，所以，槓桿不是長久之舉，這也是去槓桿的必要性。

以槓桿加快累積資產速度

筆者再三強調，槓桿前必先學會「去槓桿」。

不論是哪種追求財務自由的過程，其核心也是累積資產，當你累積足夠的合適資產，便可通往財務自由之路。在累積資產的過程中，最重要的便是現金流，只有在充足現金流之下，投資者方可滾動雪球，這一個現金流可以是主動收入也可以是被動收入。

只是，一個投資計劃往往需時 20 年至 30 年的時光，如果想提前達成目的，則需要增加主動收入或是投資額，為此而 OT 或是減低生活質素更是下策。不過，時間及資金均有機會成本，通脹更會吃掉購買能力，如果你投資回報只有 5%，而通脹有 2%，即是說你真實回報只有 3%，你的回報整整已被吃掉 40%。複息效應在回報呈現，也同樣在通脹上呈現。通脹的存在，只會令長遠計劃增加不確定性，令計劃愈拉愈長。

「富者愈富、貧者愈貧」，這是事實也是現實，在後肺炎時代只有持有資產方可立於不敗，問題是「如何快速獲得資產」，這也是運用槓桿的必要，只是槓桿一定伴隨風險，盲目使用只會引火自焚，善用的話便事半功倍。

槓桿只是一種工具，是一種協助你達成目的工具。就像是你建立一隊商隊，把貨品賣去遠方，你可以背起貨品徒步前行，也可把貨物放上馬車，騎車而上，又或是放上船上，揚帆而去。徒步前行固然安全，但每次需時而運力低，要達成生意目標自然慢。船運量大，順風時極為順利，但遇上風暴時，滿帆的船便會正中風眼，一個操作不當，便會身沉大海。所以，經驗老到的船長從來也不會全時間滿帆開航。滿帆有時，收帆有時，出航有時，歸港有時。精明的船長更會觀察天氣，留意風向的變化，預先估計風暴的到來，在風暴來臨前早早收帆。

所以，槓桿必須**適當的時候**，做**適當的事**。這是懶不得的事情，必須對槓桿及大環境如利率變動有所理解，方可進退自如。要謹記，槓桿從來也是一門藝術。

第二章

固定收益資產
常用工具各有特性

對現金流投資者來說，固定收益資產是組合中常用的工具，其特點為：

- 定期提供固定的收益
- 設有贖回日期，企業於贖回時按票面價贖回

因為固定收益資產設有贖回日，只要在到期日前，公司沒有違約，投資者便可一邊收取收益，以及按票面贖回價取回本金，這是它們「保本」的特性。固定收益資產主要包括公司債券 (Corporate Bond)、交易所交易債券 (ETD) 及優先股 (PS)。

對初學者來說，固定收益資產是不錯的投資工具。在低風險下取得收益，不用擔心「收息賠價」、誤入價值陷阱，也可藉每月收取現金流為本金，慢慢學習不同的投資策略。

對於進階者來說，固定收益資產具有穩定的價格、穩定的收益，以及保本特性，更有以下的不同用處：

進取者： 只要投資平台 (如 I.B) 提供穩定的借貸成本，便可形成「槓桿條件」，透過息差取得更高回報。

保守者：透過固定收益資產的高度穩定性，從而分
　　　　　散投資組合的整體風險。

在債券發行上，可簡單分為政府債券及公司債券
(Corporate Bond)。

政府債券又可分為國家債券及地方債券，但由於政
府債券入場門檻十分高，一般會使用交易所指數基
金 (ETF) 或是封閉式基金 (CEF) 代行。雖然政府債
券安全，但由於政府債券的債息回報低，大部分投
資者只會將之作特別用途，筆者將於第四章節解釋。

至於公司債券，大致分為投資級別債券
(Investment-grade Bond) 及垃圾債券 (Junk
Bond)，垃圾債券另有一個十分好聽的名稱：「高
收益債券」(High Yield Bond)。一般而言，投資在
香港及新加坡發行的公司債券入場門檻十分高 (一般
20 萬美金起跳)，對散戶並不友善。所以在這篇章，
筆者主要談論在美國發行的公司債券。

2.1 債股大不同

市場有云:「股票難搵錢、債券易搵錢」。投資債券,跟投資股票有重大分別,因為從本質而言**股票是資本,債券是債務**。債券就是公司發出借據,投資者買入債券就是借錢予公司,該公司必須於訂明的條款給予債券持有者債息,並於到期日償還本金。所以,只要公司不違約,其回報在買入時已鎖定。債券持有者只需預計公司會不會在到期日前破產,因為即使公司業績倒退,債券持有者仍有債息及可全數取得回報本金;相反,如果企業業績倒退,由於股息來自企業所持的現金,其股息可能下跌或取消,同一時間股價亦會大幅下滑,成為散戶常遇上的收息賠價,得不償失。很明顯,投資股票要考慮的因素遠比債券為多。

股票:把對的股票放進組合

債券:把錯的債券扔出組合

鑑於債券的回報取決於其違約的可能性,所以投資級債券的孳息率較低,往往只高於國債,卻低於垃圾債券。由於筆者投資債券是為了較高的現金流,把資金投放於投資級債券實在無足夠利潤可言,所以筆者傾向留意垃圾債/ 高收益債券。事實上,只要小心選債,這工具可令你得到很不錯的回報。

談到固定收益及股票的差異,不妨說一下例子:

監獄 REIT　股東 vs 債主的分別

早些年一眾香港投資者進入美國 REIT 市場時，幾乎每個人也對當地私人監獄留下深刻印象，因為當地只有兩間監獄公司，皆具備近 20% Yield。

- Corrections Corporation of America (US：CXW)
- GEO Group Inc(US：GEO)

由於其極高的股息率、收入受長期合約保障，亦預期監獄服務需求穩定增加，當時吸引了不少財金 KOL 推介。但是私人監獄在美國是十分爭議的行業，在政治正確的大前提下，眾多金融機構拒絕在合約到期後再次提供融資服務，構成極奇怪的情況：

- 具備穩定的現金流，但是在 REIT 的架構下大部分的現金也要發給股東。
- 公司有充足的能力支付債息，只是一直發新債還舊債，現在在融資上面對困難，無力難以還本金。
- 最後雙雙放棄 REIT 的架構，努力還錢。

整件事故中，兩隻監獄 REIT 的投資者，5 年間輸掉了 60 至 76% 的本金；如要回本則需要從現時股價上升 1.5 至 3 倍，很明顯極難達到。

圖表 2.1 CoreCivic (CXW) 股價 (2018-2022)

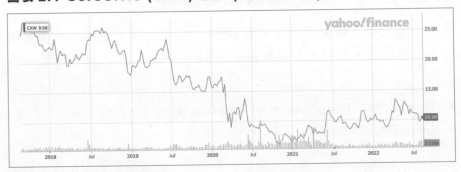

資料來源：YahooFinanceChart

圖表 2.2 GEO Group (GEO) 股價 (2018-2022)

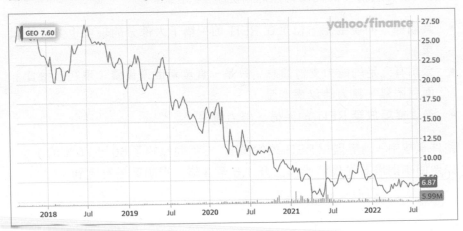

資料來源：YahooFinanceChart

但如果你投資兩隻監獄 REIT 的債券，這 5 年間的債息全部袋袋平安。按一年債息 8% 推算，即使在不進行再投資的保守態度下，回報已錄得 40% 的收益。

如果把股票投資者及債券投資者放在一起比較，一來一回間，更令股票投資者情何以堪，這是風險回報比的差異，也是筆者堅持防守組合須具明確防守性及低周期性的原則。

(利申：筆者曾買入 GEO 2022 及 GEO 2023 兩條債券，一直無風無浪，債息袋袋平安。即使是 2022 年撰寫日誌時，GEO 處於無力處理 2024 年的還債高峰期，仍決定做出債務展期，發行新的債券票面息率達 10 厘，吸引力不錯。)

初哥勿踩「不良債券」

不過，為獲更高回報，有部分投資者會購入「不良債券」(Distress Bond)，即發債公司已面對經營上的困難，而因整體違約風險上升，債價往往會大跌，孳息率亦抽升。投資該種債券，賭的是「公司經營會否好轉」、「會否捱到贖回日」。這一類債券投資，需要更高的技巧及知識，筆者奉勸初學者盡量不要嘗試。

有關債券的特別應用，可參閱第三章〈債券的進攻與防守〉，內有筆者面對危急市況時運用債券的考量，筆者亦詳述自己投資「不良債券」時的經歷，相信對新手有一定的參考價值。

2.2 交易所交易債券入手門檻低

交易所交易債券 (Exchange-Traded Debt，ETD)，同為債券的一種。公司債的思量同樣應用於 ETD 身上，比較不同的是其面值、交易地點及債息處理，表列如下：

圖表 2.3 公司債券 vs ETD

	公司債券	ETD
面值	1000 美元	25 美元
交易地點	場外交易 (OTC)	交易所交易
債息處理	一年兩息 不需除淨	一年四息 需除淨

由此可見，兩者本質同為債券，但相較公司債券，ETD 入手門檻較低，加上可於交易所內買賣，流動性較佳。

按筆者的觀察，ETD 的到期日十分長，普遍是 30 年以上的長債。在債券的設計上，長債需要提供更高的債息為回報，因為長年期令債券持有人面對的利率風險及違約風險亦大大增加。關於這種取捨筆者持**保留態度**，畢竟投資是應該安安穩穩地數錢。

另外，不知為何發行 ETD 的公司體質普遍較弱，這一點亦放大了上述兩個風險。所以投資 ETD 需要做足盡職調查。**在組合配置上 ETD 理應是屬於公司債券之外的補助，不會成為組合中的主力。**

2.3 優先股可暫停派部分收益

優先股 (Preferred Shares) 跟 ETD，由於面值及交易方式十分相近，故經常被人混為一談，但投資者必須明白當中分別。

有別於公司債券及 ETD，優先股的本質是資本，類似投資於公司的有限合伙人，可取得固定收益的回報，但不會參與公司的營運 (沒有投票權)，只是投資者的身份，相比起普通股，持有優先股的風險較低。

匯豐停派股息 優先股 vs 普通股

筆者以下用匯豐銀行 (SEHK：005) 作例子，以說明優先股如何異於普通股。

匯豐銀行是香港人常見的收息選擇，上一輩更有「聖誕鐘買匯豐」的傳統智慧。於筆者而言，傳統銀行是周期性行業，並不是理想的收息選擇，平日避之則吉。

在 2020 年疫情期間，匯豐更出現一件備受爭議的事件。由於疫情衝擊，英國政府為了保障金融系統的穩定性，要求所有銀行也不可發股息，銀行須留有現金以防不時之需。由於匯豐銀行的總部位於英國，不得不守有關要求，結果令一眾投資者措手不及，股息非但收不到，更因為整體投資氣氛極差，匯豐普通股股價大幅下跌：從疫情前的 57.8 元左右，

一口氣掉至 30 元之下；而停發股息，更令投資者沒有現金流回到手上，難以低位抄貨，比收息賠價更慘。

圖表 2.4 匯豐 (0005) 普通股股價 (2018-2022)

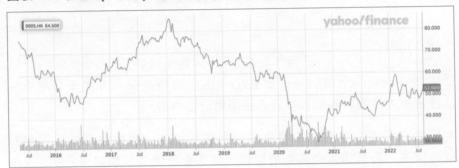

資料來源：YahooFinanceChart

雖然筆者一向對傳統銀行沒好感，但也深知其財務的穩健性，所以持有匯豐銀行的優先股，平日不論股價升跌，也能收取固定股息。整個疫情其間，筆者也如常收取其股息，並沒有受到影響。當英國政府宣布銀行須停發股息時，部分投資者擔心波及優先股，混亂間沽出優先股，優先股股價由平日的 25 元樓上一度跌至 20 元之下！當筆者多番尋找也沒有找到消息來源時，便確認為謠言一則，這正是錯價的時間，當晚在 20元左右大手掃入。幾天之後，眾人發現優先股並不在波及的範圍時，股價早已回升至 25 元之上。一來一回連同股息的回報確是不錯，而有關的優先股也在及後的時間按票面值贖回，順利達成保本的目的。

在此一役中，普通股投資者可謂賠了夫人又折兵，但是優先股投資者則穩穩定定數錢。

債券 vs 優先股的權利

但筆者必須指出，債券持有人及優先股持有人的權利並不相同。如果公司經營不善，公司仍需發債息予債券持有者，不然則屬違約。而公司則可暫停給予優先股持有者的股息。至於持有者會否面對損失，則視乎優先股的類型：

累積型優先股 (cumulative)：
暫停的股息會累積，當公司基本面改善時，會一併發還給股東

非累積型優先股 (non-cumulative)：
暫停的股息不會累積，即使公司基本面改善，股息也不會給予股東

不過，雖說累積型優先股於公司基本面改善時，股息會一併給予股東，股東不會有損失，但由於投資邏輯的改變，在暫停派息期間，優先股的股價會大跌，形成帳面上的損失。如果預期公司的暫停派息只屬暫時安排，這便是絕佳的抄底時機。當然這是高風險投資，初學者請勿嘗試。

比如在 2020 年疫情其間，各國經濟封鎖，筆者預期當經濟一旦重啟，各國人民必定會到處旅遊，所以當時曾投資 Hersha Hospitality Trust (US：HT) 旗下一系列的優先股。但當時該公司為了保存現金而停發股息，幸好該公司的優先股是累積型，只要它一旦重發股息，持有人便收取以往全部的股息，到時配合股價的重新定價，應該會息價雙收。

當然，如果你有去研究該酒店的入住率及保本點 (Breakeven Point)，當發現入住率慢慢超過保本點時大量買入，再等公司半年後重新發送股息，一來一回的回報以倍計。

留意要交股息稅

另一點也值得注意，優先股給予的是股息 (Dividend)，大部分優先股的股息要被徵稅，只有非美國公司發行的優先股及小量特別建構的優先股，方不用納稅。這也成為現金流投資者的選股兩種策略：

- 尋找非美國公司發行的優先股，並獲得高現金流。
- 尋找大公司發行及未到 Call Date 的優先股，並獲得安全的回報。

第一種策略適合追求現金流投資者，但當中涉及不少能源類及航運類的公司，它們是對經濟周期極為敏感的公司，投資者需留意經濟大環境來決定進退。

第二種策略適合極為保守的投資者，因為優先股的關係，其息率一般較債券為高，其中一種打法是找大型公司所發行的優先股 (多是銀行及保險業)，因為條例所限，不少公司 (高盛、匯豐銀行、花旗銀行、英國保誠等) 會發出優先股為資本補充，只要尚未到 Call Date，投資者便可享有安全的回報。

按：如讀者對優先股如何節稅及選擇，可參考風中追風兄的文章及其著作《懶系投資法》。

2.4 三種固定收益資產 異同之處

投資固定收益資產，在香港的散戶圈子中仍屬小眾，所以必須搞清楚公司債券、ETD 與優先股性質上相同及差異之處。

相同之處

- 三者均為固定收益資產，具有提供固定的收益及具有保本的特性。
- 三者也因為固定收益的緣故，沒有抗高通脹能力。
- 三者皆對利率敏感，價格跟利率呈反比，時間愈長愈敏感。
  (如怕有利率風險，則可選擇浮息系列的產品。)
- 三者皆設有不同的年期及到期日，到期日愈遠，票面息率愈高。
- 三者平日交易量偏低，具有流動性風險，如果運用槓桿更需注意這點。

差異之處

圖表 2.5　3種固定收益資產差異之處

	公司債券	ETD	優先股
性質	債務	債務	資本
面值	1000 美元	25 美元	25 美元
債息	一年兩息	一年四息	一年四息
期限	短期至長期	多為長期	多為長期
收益的保障性	必須繳付債息，否則違約	必須繳付債息，否則違約	如果公司經營不理想，可暫停派發股息
稅務	免稅	免稅	大部分需繳稅 小部分免繳稅
除淨效應	沒有	有	有

當把公司債券、ETD、優先股三者放在一起比較時，筆者認為在面對**相同公司**及**相同的條款**之下，理應先選公司債券 (或直債)，然後是ETD，最後為優先股。

公司債券 > ETD > 優先股

現實上，當然不會出現相同公司及相同的條款的情況，多是同一公司以不同條款發行不同產品。但投資固定收益資產主要為保本及明確的現金流，如果條款相差不大，筆者建議應以公司債為首選。

定期檢視公司基本面

固定收益資產為的是有效及固定產出現金流，但投資者仍要每季檢視公司的基本面，尤其出現削減普通股股息的消息。

當公司經營有困難時，公司很可能削減普通股股息或完全取消派股，造成普通股股價大跌。這時候，公司仍須支付債息予債券持有者，否則便會違約。雖然債券投資者仍準時收到債息，債價仍不會大變，但削減普通股股息本身就是一種警號，該公司的基本面很可能已發生顯著的轉變。為安全起見，投資者應主動查看其基本面，如確信有巨變，就要尋求可取代此項目的資產，並進行換貨。

債券的
「進攻」與「防守」

相對進攻性十足的股票，債券是一種「攻守一體」
的投資工具。

但是，投資者往往只看到債券的收息功能，以為債
券是一門保守的投資，或只適合退休人士，白白錯
過這一種工具。其實，只要明白股票及債券之間的
差異，便可不同的景況下靈活運用，形成另一重「進
可攻、退可守」的部署。

3.1 債券的 三重防守力

正所謂「未諗攻、先諗守」,在分享進攻之前,先詳細説明防守的三重意義:第一種是債券的保本能力,第二種是債息的計算,第三種是債券對沖風險的能力。

第一種防守:債券的保本能力

股票是「資本性質」(Capital in nature),債券是「債務性質」(Liabilities in nature),投資股票就是股東,投資債券就是債主。對於發債公司而言,債券只要在到期日或贖回日前公司沒有違約,即使過程中債券價格出現大跌,發債公司也必須以票面價贖回。

情景一: 公司營運正常,財政沒有出現問題。

股票	按公司的營運情況及市場情緒,股價可升可跌
債券	債價於到期日按票面值收回,功成身退

情景二：公司營運欠佳，財政出現問題。

股票	公司的營運出現問題，股價下跌。
債券	• 在到期日前，公司尚未破產，債價於到期日按票面值收回，功成身退 • 到期日前，債價出現下跌，公司嘗試主動減去債務，於市場買入債券，債價受到支持，投資者可中途離場

情景三：公司營運欠佳，財政出現嚴重的問題，最終公司破產。

股票	公司的破產，投資者血本無歸，股票成為「牆紙」
債券	到期日前，公司不幸破產，公司的資產清算變賣，債主按持有債券的先後，取回部分金額

第二種防守：債息的計算

在價格波幅上，債價遠比股價穩定，加上股息及債息的計法差異，以致兩者的防守力完全不同。當你運用槓桿，這情況更加明顯，持有公司債券的每一天，也是被動地進行「去槓桿」的動作。

交易所交易債券 (ETD) 多為長期債券，而封閉型債券基金 (Bond CEF，第四章會詳談) 則沒有到期日，失去了保本的功能，承受更大的利率風險，一般來說這兩種投資工具防守力比直債為弱。

股票	除淨日前購買，可得到股息
直債	買入後每日計息，每持有多一日即有多一日債息
ETD 及優先股	一年四息，除淨日前購買，即可得到股息

第三種防守：債券對沖風險的能力

投資債券其中一個目的在於避險，因為在傳統觀念中債券及股票是呈負相關性，從而產生了股債平衡的投資原則。但這當中的債券是指國債，即是美國國庫債券。在股債平衡此說法出現之時，市場投資者主要投資國債，部分則會投資投資級債券。當時投資垃圾債券仍未盛行。

若然投資者非常保守，希望進行對沖風險或是避險的話，應考慮的是美國國債及投資級債券，因為高收益債券（垃圾債）只是價格波動相對股票為低，如果從對沖能力來說，不會因大市下跌，而令垃圾債的價格拉升，這是投資者必須知道的事情。

而在投資垃圾債時，為了減低風險，分散投資是必然的動作，但這只是把個別違約風險減低。當市場出現系統性風險時，無論如何分散，仍會中招，特別是市場缺失流動性。

所以，不要想透過垃圾債來對沖所有風險！

「為了分散風險而買下不同的垃圾債，
把它們放在一起，
也是一堆垃圾，
你為甚麼會期望垃圾為你對沖風險？」

近年，不少投資者透過槓桿買入垃圾債，得到穩定而不俗的收益。但在 2020 年 3 月的債市急跌中，因為流動性缺失，所有流動性低的產品也正中風眼，不少人更灰心轉向其他投資法，歸根究柢，是投資者風險處理不足，做成組合風險過度集中。

而事後只有少數的企業面臨破產，大部分的債券也重回原來的價值，最後到期後按保本的特性取回本金，所以這個並不是投資工具的錯誤，而是投資組合及操作上出錯。

3.2 從利率周期對應債券部署

現金流是一門吃時機的投資，因為大部分的收益會在你決定購買時鎖定。而在投資公司直債時，投資者可從利率周期而思考對應方法。以下是筆者對債券的基本應用：

低息時，買短債；高息時，買長債。

在討論之前，不妨先説明一下長期債及短期債的特點：

短債特點：靈活性高，受利率風險小，但息票利率 (Coupon rate) 較低
長債特點：靈活性低，受利率風險大，但息票利率較高

關於債券的前設

- 買入時，要有持有至最後一天的「心理準備」；
- 多持有一天，便多一天的債息，請盡力持有；
- 債券是跟該公司基本面有關，並呈正比關係；
- 債券是是對利率敏感的產品，並呈反比關係；
- 長債比短債更受利率所影響。

一．利率風險

情景 1：低息買長債、高息買短債

低息時，受利率所影響，債券價格會上升，長債的升幅會比短債高。這時候，如果投資者買長債，會付上較高的金額。

高息時，受利率所影響，債券價格會下跌，長債的跌幅會比短債高。這時候，如果投資者早前買入長債，便會承受大幅的下跌。一方面帳面上承受損失，一方面減低你「賣出去」的動機。如果這時候公司出現負面消息，便會多重打擊，成為另一重風險。

所以，按照這想法，高息時你不太會找到買長債的理由，但試想另一情景：

情景 2：低息買短債、高息買長債

低息時，受利率所影響，債券價格會上升，長債的升幅會比短債高。這時候，我會買入短債，格價比較相宜，持有至到期。

高息時，受利率所影響，債券價格會下跌，長債的跌幅會比短債高。筆者寧可等手上的短債持有到期，選擇轉入其他投資產品 或是債券。

這時候，長債受壓，如果買入長債，就可用便宜的價格買入，並開始收息。當利率調整減少時，受利率所影響，債券價格會上升，長債的升幅會比短債高。那時候，手中的長債價格會急升，投資者就可選擇賣出「食糊」(Capital Gain)，或是 持至到期日。

二．違約風險

如果市況有變，債價明顯下跌，短債往往幾年間便會到期，加上債券策略可設定為每半年便有債券進入贖回階段，現金可快速回防 或是 進行換貨。如果公司出現負面消息，經營出現問題，也可因為一兩年內到期，公司仍有一定的還款能力，違約風險較小。

另外計及 短債 的風險性較低，投資者比較願意開槓桿，一來一回之下，回報可能更可觀。所以當投資者打算投資債券時，盡量應以短債為主，不要因為長債提供較高的息率而「特意」買入長債。為了多一點息率而買入長債，是額外吃上多重風險，不符合風險回報比，有違投資債券的原則。

聽了筆者以上建議，大家不禁會問：「長期債券是否不可投資？」其實**只要在「合適時機」出手，長債還是可給投資者可觀的回報。**

以下數篇文章是筆者於 2020 年上半年所進行操作，希望透過當時的思考及操作，令讀者面對熊市時多一分把握。

透過組合配置，投資者可分散「違約風險」、「地域風險」、「利率風險」、「通脹抽升」，但唯獨「系統性風險」無法逃避，正因為「系統性風險」的必然性，所以熊市是投資者投資生涯上必會遇上的經歷。

不要逃避，學會面對，然後跨越熊市。

3.3 以債券 / 國債 ETF 成就抄底 & 對沖

投資從來沒有公式，每一次也有點不一樣，這是它的困難，也是引人入勝的地方。我們沒有上帝視覺，也沒有時光機及預知眼去得悉事情的轉變。市場到底是「調整」還是「熊市」也只有在事後回看方知道。

圖表 3.1 2020 年上半年政經大事紀

- 1 月簽定中美貿易協議，投資者及政客放下心頭大石

- 全球金融市場創上新高

- 史無前例的新冠肺炎從中國爆發

- 中國進入封鎖狀態

- 新冠肺炎開始於歐洲、美洲各地爆發

- 人類無法抵禦疾病的感染

- 國家與國家間開始封鎖邊境

- 產油國間出現意見分歧，主要產油國不斷增產

- 油價突然間跌至負數，歷史上從未出現過

- 美國股市出現熔斷，一個月內 4 次，前所未有

- 全球股市大跌，以絕無僅有的短時間由牛市進入技術性熊市

股市創新高後 疫情爆發

2020 年 1 月上旬中國及美國簽訂貿易協議，完成了一個重要的階段，纏繞了幾年的中美貿易戰終於暫時告一段落，下一階段將會由下一任的美國總統負責繼續商議。當眼前的不確定性消除時，市場響起了一遍凱歌，全球金融市場創新高。

待到 1 月中旬，新冠肺炎從中國爆發，在消息不流通下，我們無從得知它從哪裏來、它是如何傳染、它對人體的傷害有多大。當中國慢慢推行封城的時候，筆者感覺到有點不對勁，遂做了點調查：

- 過往的金融歷史中，從來沒有因為公共衛生而對股市造成大幅影響；
- 過往的金融歷史中，即使面對大跌，也只出現了一次熔斷；
- 肺炎在中港兩地爆發時，中港兩地的市場仍算穩定；
- 當時歐美的經濟良好。

鑑於上面幾點，筆者認為金融市場不會因為未明疾病而產生明顯的波動，即使產生明顯的波動，也會快速解決 (事後證明，市場最不缺意外，其影響遠超想像)。只是，筆者直覺上需要因為這個肺炎而作一點準備。

當金融市場受到打擊時，投資者便會避險，資金會走向低風險的地方，所以投資者只需在大市波動前有所動作，提早避險，便可因短暫的風險而獲利。

借美金 買國債 ETF

傳統上，黃金及美國國債也是避險良物，操作上亦容易上手，適合普通投資者運用。鑑於筆者是黃金大淡友，對黃金持有懷疑態度，所以馬上把「借美元，買入黃金」為避險的選項扔掉。相反其時國債息率仍在合理水平，具有對沖能力，而國債的利息有助抵消借貸利息，這比黃金靈活得多。所以借入美金購買國債，同時國債利息抵消借貸利息，形成近乎免費的對沖功能。

而在國債的選擇上，由於一份國債的金額極為巨大，一般投資者只可透過債券指數 (Bond ETF) 的形式來投資 (除了國債會透過 Bond ETF 購入外，筆者並不建議投資任何的 Bond ETF)。

在市場上，國債指數是會按年期而編在不同債券指數，常見的指數分別是：

- SHY ：iShares 1-3 Year Treasury Bond ETF
         (1- 3 年年期美國國庫債券)
- IEI ：iShares 3-7 Year Treasury Bond ETF
         (3- 7 年年期美國國庫債券)
- IEF ：iShares 7-10 Year Treasury Bond ETF
         (7- 10 年年期美國國庫債券)
- TLT ：iShares 20 Year Treasury Bond ETF
         (20 年年期美國國庫債券)
- GOV ：iShares U.S. Treasury Bond ETF
         (混合年期美國國庫債券)

在選擇上，這是一個流動性及對沖能力之間的取捨。短年期的國債流動性較佳，價格較為平穩，但對沖能力較弱；長年期的國債流動性較差，價格較為波動，但對沖能力較佳。

鑑於當時的資金不足，筆者當時決定買入長年期國債 ETF 來放大對沖能力，所以分別買入 IEF、TLT 及更為激進的 ZROZ (25+ Year Zero Coupon U.S. Treasury Index Exchange-Traded Fund 25 年期以上零票面息率國庫債券)。

鑑於筆者提早於 2020 年 1 月底買入美國國債 ETF，踏入 2 月份股市慢慢走軟之時，由於其他投資者後知後覺，國債的價格一直上升，在一升一跌下，筆者並沒有錄得明顯的虧損，達成對沖的目標，正當放下心頭大石時，好戲在意想不到的時間上演。

圖表 3.2　其他的對沖方法

- 反向槓桿指數：只適合出現明顯趨勢後使用，並且持有 decay 的潛在問題，只可短期炒作，不可長期持有。

- VIX 指數：只適合趨勢出現前使用，設有到期日。

- 期權：對知識及操作要求較高，但是較為靈活多變。

  - 趨勢出現前，可運用 Long Put 為保險手段。

  - 趨勢出現後，可運用 Short Cover Call 減少損失。

「負油價事件」 向左走向右走

步入 3 月份，肺炎蔓延各國，各地投資者突然發現擔心疫情的未知風險。然而禍不單行，因為各國開始封鎖的關係，對石油的需求大減，而產油國間對增產或減產意見不一，結果陰差陽錯一起增產，間接導致前所未有的「負油價事件」。

種種令人意想不到的事情，令投資者對未來增加不確定性，美國金融市場更出現熔斷：一天內下跌超過 7%，便會暫停交易一段時間。時任聯儲局主席及美國總統多番出言支持金融市場，亦無補於事，要熔斷的繼續熔斷，要下跌的繼續下跌。

金融市場於一個月內四度熔斷，股神巴菲特 (Warren Buffett) 於接受採訪時表示他活了 89 年，仍未見過如此情況。眾多股票大跌，當中零售、能源、旅遊及航空更是重點受到「照顧」；而債券市場，更因為欠缺流動性，做成 **「債券腰斬日」**，當中相關產業的垃圾債更是風眼中的風眼，其債價往往斬至五成樓下。

槓桿是一把雙面刃，在放大回報的同時，亦放大風險。而那一刻正是面向風險的時間，不少運用槓桿的投資者也在減槓桿，防止出現永久損失。

而使用「借低息貨幣」打出「超界王拳」的投資者，更因所借的是避險貨幣，在熔斷初期避險貨幣價格急升，令淨資產大跌，提早「抬離出場」。所以筆者再一次強調：

- 無論甚麼情況也不要去打「借低息貨幣」投資的主意。為了安全起見，筆者仍運用國債為對沖手段，不過事情的發展遠超想像。
- 公共衛生首次大幅影響金融市場
- 一個月內 4 次熔斷，這是歷史上從未出現過的事情。

由於**出現了歷史上從未發生**的事，所有的後手也無從作用，在那個時候首要目標是「生存」。筆者於第二次熔斷發生時進行減磅，加上當時只持有極小量的公司債券，算是避開了最可怕的時機。

無限 QE 抄底時刻

所以，在 2020 年 4 月時，由於無限量化寬鬆 (QE) 的出現，全球中央銀行一起「印錢」，令市場上的流動性快速增加。我確認最壞的時間已經過去，而成功「生存」下的我想是該「抄底」了。然而在當時的惡劣環境，我實在難以為有關行業估算價值。或者說，在那一種情況下，加上混亂的市場情緒，任何估值也失去用處。

甚麼是抄底價？

我們做一個活動，我找了一家平日表現優秀的石油公司，它經歷了負油價事件，並且成功生存。如果當疫情前的股價是 40 元，你是決心抄底，你會在甚麼價格出手？

請先想一下，然後誠實地寫下你的答案。

我會在 ＿＿＿＿＿＿ 出手抄底買入，因為它下跌了 ＿＿＿＿＿＿ %。

這一個例子是股神巴菲特投資的股票，它就是 **Occidental Petroleum Corporation (US：OXY) 西方石油公司**。

2019 年西方石油打算收購體量相當的阿納達科石油公司 (APC.N)，沒想到中途殺出一個程咬金，另一巨頭雪佛龍 (CVX) 想要截胡收購阿納達

科石油公司。西方石油只好尋求巴菲特的巴郡 (Brk) 援助，而巴郡則以 100 億美元換取西方石油一堆優先股 (息率 8%) 及認股權證。

圖表 3.3
Occidental Petroleum Corporation (OXY) 股價 (2016-2022)

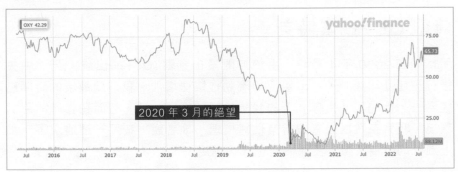

資料來源：YahooFinanceChart

西方石油在疫情前是大約 42.5 美元一股，由於外在環境的轉變導致油價急跌，2020 年有一段時間油價比開採成本更低，導致賣一桶賠一桶，當出現負油價時，西方石油股價更下跌到 10 美元左右，整整下跌了 76.5%。更不幸的是，該公司於 2019 年收購阿納達科石油公司，導致債台高築，急需現金還債，如果西方石油無法如期償還債息則會宣布破產，所有的股票也會化成「牆紙」，包括股神手中的高息優先股及認股權證也會化為廢紙。當時，西方石油不單取消普通股股息，更需要進行進一步融資，即發行股票及高息債券方可勉強生存，但這已令基本面嚴重受創，其投資價值大減。

而西方石油亦無法以現金支付優先股股息，只能於 2020 年上半年印發 2,900 萬普通股予巴郡當作優先股股息；在 2020 年 9 月底巴郡的文件顯示，公司於當年第二季曾將手上的西方石油普通股悉數售出。

事實上，西方石油公司已是這一場波動中的幸運兒，不少石油公司直接

破產，永久離開歷史的舞台，令投資者蒙受巨大的損失。站在疫情後的今天，投資者如擁有上帝視覺，發覺現時的能源價格因種種原因而浮動（見第205頁），自然會一直持有此股，但在當時是充滿無數的未知，病毒的急速傳播、疫苗研發未見曙光、失業率升至歷史高位，股價持續的波動，都是大大考驗投資者的心理。 買入股票來抄底的最大問題是：

我不知道自己所在何處，明明買在低點，但股價一直尋底。
我要賣掉手上持股再抄底嗎？公司會破產嗎？要不要換馬？

暗黑手記：雪佛龍其中一個大股東便是 Brk，若從雪佛龍中途殺出的時機，以及西方石油最後求助於 Brk，而當時 Brk 沒選普通股，反而要了高息優先股配上認股權證，怎看股神也示範了絕佳的風險管理。2022年後，油價急劇上升，整個投資邏輯翻天覆地，西方石油從收購阿納達科石油公司所獲得的成本優勢正一一浮現，股神亦毫不猶豫於 2022 年行使認股權證，大手購入西方石油的普通股，大有收歸旗下的可能，當然這又是另一個故事。

債主的思路

但身為債主，則相對容易明白自身的位置。因為債券的票面值是 100，當債券價格掉了一半，買入價為 50 時，單以債價來說潛在升幅為 100%。同時，因為債券具有可預期的債利收入，當債價下跌時，更會拉高債息收益率，所以在嘗試抄底下，債券是比較容易守下去。

退一萬步來說，如果公司不幸破產，債券投資者的優先度遠比股票投資者為高，債券投資者往往能收回大部分的本金，而股票投資者則血本無歸。

當兩者放在一起，你會看到，那一刻債券的「風險回報比」遠比股票為高，當具備了確定性便可放大利潤。

Blogger	文章	QR Code
Starman	負油價與負利率的大時代	
Starman	大時代下的淘金夢	

仔細考量 不同抄底法

看過上文，相信讀者已經明白股票與債券抄底的差異。筆者嘗試整合其他不同的抄底方法，並於此節分享當時的操作及考量。

方法一：槓桿 ETF：UCO (ProShares Ultra Bloomberg Crude Oil ETF)

因為油價波動十分巨大，槓桿指數單日會有雙位數百分比變動。

該種指數透過衍生工具構成倍數波幅，加上是即日結算的關係，存在明顯的內損問題，説穿了就是毫無防守力的工具，所以槓桿指數只適合於單邊市使用，在上下波動極大的市場，只會加劇內損。

故此，使用槓桿 ETF 為下下之選。

方法二：期貨 ETF：USO（美國石油指數基金）、香港的三星原油期貨或中國的原油寶

此為期貨市場的 ETF，即是買賣的不是原油，而是原油期貨。期貨的本質涉及額外的風險：時間值及交易對手風險，操作上更吃轉倉的時機。

然而在不合理的時間，自會出現不合理的現象。正常所有人認為油價跌至單位數，低無可低之時，上天就開了一個天大的玩笑——「負油價」！「負油價」的出現不是指油價是負數，而是指期貨市場內為負數。

因為油價的劇烈波動，期貨指數產出意想不到的內損，而三星原油期貨更是因為臨時更改機制，引起爭論。而內地的「原油寶」事件更因為「交易對手風險」令投資者本金盡失，部分人更倒欠銀行資金。

所以，使用期貨 ETF 為下之選。

方法三：個別股票

相信這是眾多投資者選擇的方法，重回「資本性質」，但筆者已在上文提及，當你想以個別股票抄底時，你不會知道底在甚麼位置。

為了提升回報，投機者可能買入正中風眼的公司，但如果低油價持續低位，一來無法判定價值回歸的時間點，二則長時間的需求短缺，及油價低落，會造成公司營收下跌，直接影響營運現金流，長期而言，只令公司破產的機會慢慢增加。

我們永遠沒有上帝視覺，當面對不可遇見的未來時，不知道疫情的完結時間、經濟的復元情況，以及油價的變動。如果公司不幸破產，更會血本無歸。所以投資者應該運用更合理的工具，而抄底買入正中風眼的個股，只為中之選。

方法四：油公司 ETF：XLE (Energy Select Sector SPDR Fund)

相比起個股好一點的選擇，就是透過行業 ETF，把整個市場的股票買下。即是説買入 XLE，即可間接地買入美國大部分的能源公司，方法簡單直接。

而能源公司是人生活中不可欠缺，當中必定會有生還者，但同時也代表必定會承受部分公司破產時的損失，相比之下透過行業 ETF 抄底為中上之選。

方法五：對個股運用期權

期權是高度槓桿的工具，當油價跌至低位時，石油公司的股價亦去至低位，若果不希望直接買入股票，的確可透過期權來以小博大，利用其槓桿來獲利。

但期權有幾個潛在的問題，當下石油公司股價的是處於高度波動的情況，這會大幅把 IV 值拉高，如果做「Long Call」則需要相當的金額，增加成本，從而減低風險回報比。

而期權本身是涉及時間值，如果在到期日時，石油股票仍未上升，則會直接面對損失，在短期的期權操作上具有一定難度。

比較合適的手法是遠期 Call，但這樣又會重回上點，在遠期期權之下，投資需付高額的時間值，期權金在時間值及 IV 的考量下，只會進一步提高難度，十分考驗投資者的操作能力及投資經驗。

當你簡單看到以上的方法，便會發現那是一道「**回報及風險管理**」的選擇題。而筆者則決定運用另一種冷門的方法來抄底——運用債券抄底。

運用債券抄底

石油是一種遠比大眾想像中複雜的行業，簡單一點的話，石油行業可分為上游產業、中游產業、下游產業及綜合型。

上游產業：原油開採及探索
中游產業：透過管道運送原油由產地至零售
下游產業：在零售層面販賣原油至消費者

在全球因疫情而鎖國或封城，環球減低原油需求，產油國卻不願減產，甚至增產，進一步推低油價，石油行業充滿不確定性。

操作一： 中游產業之債券

筆者審視一番後，發現疫情分別重創上游（供給）及下游產業（需求），而中游產業因為簽下長期合約，石油公司不論是否使用，均須支付費用予中游的油管公司。

- 如果上游公司不支付費用予油管公司，石油是無法運送至石油交易所；
- 如果下游公司不支付費用予油管公司，石油是無法運送予消費者。

即是説油管公司在產業上處於一個極有利的位置，但因為此行業當時的混亂，油管公司的股票及債券也一一被拋售。但筆者考慮到當中性質的差異，中游產業的公司固然暫時安全，但為了更安全的考量，筆者決定再退一步，買入中游產業的債券。即是説筆者無意去賭該公司的營運情況，而是賭該公司在疫情期間生存與否。邏輯上，筆者這個投資決定，是把投資的難度急劇降低。

當時筆者其中一個目標便是NSS，這是油管公司NS —— NuStar Energy L.P. 發行的ETD（交易所債券）。投資理由極為簡單，該公司於疫情前持有不錯的營運現金流、其業務亦不單一，有一定的抗壓能力，而且債務雖重但沒有近年的重債、疫情後企業立即縮減資本支出及取得銀行的額外信貸，基本上這些已暗示NS極大機會於疫情生存下來，這正好構成了筆者選此作抄底債券的邏輯。

而當負油價事件慢慢沖淡，一眾石油業的業務及股價仍於谷底徘徊之時，因為處於中游公司受到合約保護，營利上沒有受到太大壓力，其股價略見起息，但相比起油管公司股價的慢慢回升，因為破產危機的解除，油管公司的債券價格率先大幅回升，筆者於一個月內以 $12 買入的債券，成功以 $20 賣出，連同債息獲利六成以上。

操作二：上游產業之長期債券

筆者另一操作，則是利用長期債券提高獲利。

在負油價事件上，上游公司是飽受影響的產業，眾多問題無法解決。當筆者抄中游企業債券的底部時，便考慮「甚麼石油公司不可能破產」。筆者對於上游公司的認識不多，倒是想起了一位偶像——**誠哥**。

「發展不忘穩健，穩健不忘進取」是李嘉誠的經營方針，他的企業更是全球最捱得的公司之一。如果對長江和記實業有限公司 (SEHK：1) 有一定認識，便會留意到長和有一間位於加拿大從事上游產業為主的石油公司——赫斯基能源公司 (Husky Energy)。由於擁有優良的體質、強勁的現金流、手持巨額現金，以及眾多銀行額度尚未提用，公司面對破產的風險極低，這也令赫斯基能源公司的債券的沽壓明顯較同業為低，而短債上更無足夠的油水。所以筆者利用長期債券具有較高不確定性的特點，而其長債債價的跌幅也遠比短債高，這可造成一定的獲利空間。

筆者最後買入了 Husky Energy 2029，其時價格為 74 美元，由於本身長債票面息率較短債為高，當債券價格下跌時進一步拉高收益率，由於債券在持有其間即計算債息，所以令投資者更安心地持有。

一個多月後，因為產油國達成初步共識，原油的不確定性慢慢減少，油價慢慢回升，在普遍油股仍上探底部之際，由於赫斯基能源破產的可能性減輕，債券價格急速回升，筆者於 95 元賣出有關債券，債價連同債息獲利三成多。

這篇文章借兩隻石油企業債券來抄底，一隻位於業務沒有受到重大影響的中游企業，另一隻位於業務受影響但手持巨額現金及銀行信貸的上游企業，兩者於整個過程中極大機會生存下來，這構成了投資債券的邏輯，其風險亦遠比直接購入股票為低，其利息的計價亦提供了充分的彈性。

以上一種債券抄底方案，在系統性跌市中極為實用。

第四章

穩定收益資產
「代客泊車」的封閉式基金

於投資固定收益資產時，筆者傾向直接買入原生產品(即公司債券)，因為資料非常透明，回報明確且風險可控，只要透過嚴選並分散投資，可有效減低個別風險及行業風險，令投資者更能掌握進退。

筆者傾向，如有能力投資固定收益資產，應自行組建組合，因為定時的現金流會即時提供回報，也讓投資者有時間學習固定收益資產。

不過，在這前提下，筆者仍建議在以下4種情況下買入基金類產品：

一. 面對強烈的贖回風險時

由於固定收益資產有贖回日，只要贖回日一到，企業便可按票面價贖回，這種「保本」特性是其「優點」，也是「缺點」。「缺點」是指當固定收益資產處於溢價及臨近贖回日，如果投資者於這情況用溢價買入，便會面對贖回風險，形成潛在損失。

二. 想分散風險，但懶

為了分散風險而買入10多項固定收益資產，每多買

一份資產，投資者便要多做一份功課。買入基金類產品則一次過買入眾多產品，並有專人打理，有效分散風險。

三．想提高收益，但懶

槓桿是一把雙刃劍，在提高回報的同時，會放大風險，可依靠基金經理運用槓桿的專業知識及經驗。而在封閉式基金的結構下，允許基金管理人透過槓桿放大收益及控制風險。這樣投資者只需找到優秀的基金，便可享受槓桿的優勢。

四．初入投資，學習需時

投資固定收益資產遠比股票容易，但仍需時間學習及尋找合適產品，這一段時間，基金類產品是不錯的入門工具。

當然筆者相信懶於選股、懶於分散風險、又想提高回報是大部分投資者，是買入「代客泊車」的封閉式基金的主要原因。

4.1 封閉式基金 避開「豬隊友風險」

對於「基金」一詞，相信你在腦海中已浮起不少印象，每當在地鐵站或經過商場也會見到不少「基金」廣告。基金種類更是五花八門，由貨幣基金、投資級債券基金、高收益債券基金、精選基金、增長型基金等等。

開放式 vs 封閉式基金

投資者必須留意，上述全為「開放式基金」(Open-End Fund，OEF)（又稱共同基金 Mutual Fund)。開放式基金有其優點，但缺點亦同樣聞名——高認購費、高管理費、血從本中派、高佣金費用、資料不透明等，其投資回報亦確實麻麻，筆者也從不建議讀者投資開放式基金。

筆者希望投資者更能掌握「封閉式基金 」(Closed-End Fund，CEF)此工具，這種比「開放式基金」更早出現，卻更小眾的投資產品。

兩者的主要分別在於結構：

封閉式基金的結構是封閉的，首先基金經理於金融市場中進行首次集資(IPO)，集資後封閉式基金便會按集資時交付的投資方針進行投資。集資後，除非公司發現更好的投資機會外，一般不會再度集資。如果投資者想參與其中，便需於金融市場中購買其基金單位，這跟一般的股票一樣。

相反，開放式基金的結構是開放的。如果投資者想投資基金，隨時可經銀行或其他中介機構買入，當投資者投資後，基金經理便會得到資金以投資。

好了，給各位讀者一道選擇題，一般**新手大眾**會在甚麼時間投資：

A. 在牛市中買入，在熊市中持有 (高買、低持有)
B. 在牛市中買入，在熊市中賣出 (高買、低賣)
C. 在熊市中買入，在牛市中持有 (低買、高持有)
D. 在熊市中買入，在牛市中賣出 (低買、高賣)

(選好後，方翻去下一頁。)

基金經理的無奈操作

「低買高賣」是投資中的常識，但相信讀者也會猜到，現實上**「高買、低賣」**是大眾最常見的情況，而「開放式基金」基金經理也受限於散戶資金流向，經常出現高買低賣的情況，在**「錯的時間」**買入資產，然後在**「錯的時間」**賣資產應付贖回資金，完全是錯誤的時間做錯的事。

問題是，共同基金的表現是**「共同承擔」**的，只要投資者仍持基金單位便會蒙受損失。所以不論是 A、C 也會因為 B 的決定而中箭，是謂**「豬隊友風險」**。

封閉式基金 基金經理可槓桿操作

另一方面，封閉式基金因為結構相對穩定，基金經理可按需要進行額外的策略提高收益，常見的為槓桿投資、期權策略等等。當取得收益後，便會扣除營運費用及管理費，最後按時給予股息回報股東。

由於可進行槓桿操作，封閉式基金的基金經理只需有相當水準，即可取得優於大市的成績。加上其管理費一般按 Asset Under Management (AUM) 計算，當基金表現良好時，基金經理會收到更多的回報，利益跟股東較為一致。

反觀，開放式基金的基金經理則需要長期持有一部分現金供贖回之用，平白浪費了資金的成本，拖低回報。事實上，開放式基金的基金經理收入主要來自基金的銷售，即使基金成績差，它們的收入也是袋袋平安的。

圖表 4.1 開放式基金 vs 封閉式基金

	開放式基金	封閉式基金
認購費	高	沒有
管理費	較高	較低
宣傳費用	高	沒有
結構	穩定性較低	穩定性較高
豬隊友風險	有	沒有
額外投資策略	沒有	槓桿投資、期權策略等
基金經理的回報	按資產總值收取管理費，只要基金可不斷認購，經理回報便會高，與業績無直接關係。	按資產收取管理費，但基金無法不斷認購，經理只有提升業績以得到更高的回報。

按：如果對其結構有興趣，可前往 blogger 風中追風、急症最前線投資現金流追文。

加上封閉式基金會季度發出財務報表，資料較為透明。從上市至今所有的配息、每日淨值、槓桿比率、配息來源全部也可在 CefConnect 或是 MorningStar 等地輕易查取。負責任一點的基金更會定期電郵財務報表及投資環境的展望，每次洋洋百多頁紙，應有盡有。

反觀開放式基金，即使你問銀行或是保險從業員，該基金的配息中有多少百分比是「血從本中派」，又或是問及數年前的財報內容也難以回答。

所以在投資界有一句說話：

開放式基金資料不開放，封閉式基金資料不封閉。

封閉式基金 資料開放

以筆者一直有追蹤的封閉式基金 RQI (Cohen & Steers Quality Income Realty Fund) 為例，很容易便可查閱 5 年內的資料。

圖表 4.2

Cohen & Steers Quality Income Realty Fund (RQI) 5 年資料

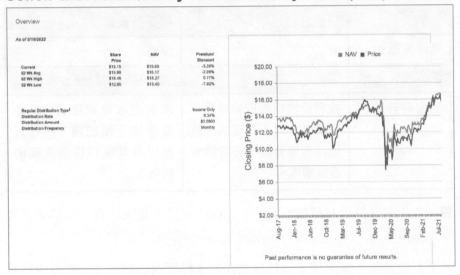

資料來源：CEF Connect 網站截圖

或是很易比較 10 年來基金的表現。下圖比較在 2012 年投入 10,000 進封閉式基金的 RQI 跟 Category 及 Index，知道何者輕鬆跑勝大市，其持股亦是輕易查閱。

圖表 4.3

2012 年投入 10,000 美元進 RQI、Category 及 Index 的比較

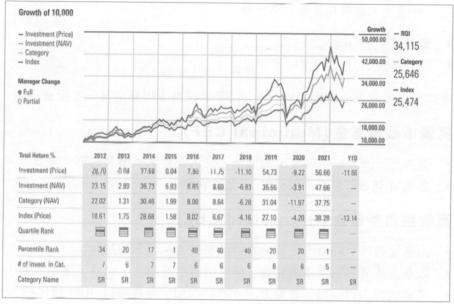

Growth of 10,000

- Investment (Price)
- Investment (NAV)
- Category
- Index

Manager Change
- Full
- Partial

Growth		— RQI
50,000.00		**34,115**
42,000.00		— Category
34,000.00		**25,646**
26,000.00		— Index
18,000.00		**25,474**
10,000.00		

Total Return %	2012	2013	2014	2015	2016	2017	2018	2019	2020	2021	YTD
Investment (Price)	28.70	-0.04	37.68	0.04	7.90	11.75	-11.10	54.73	-9.22	56.66	-11.66
Investment (NAV)	23.15	2.89	36.73	6.83	6.85	8.69	-6.83	35.66	-3.91	47.66	—
Category (NAV)	22.02	1.31	30.46	1.99	8.00	8.64	-6.28	31.04	-11.97	37.75	—
Index (Price)	18.61	1.75	28.68	1.58	8.02	6.67	-4.16	27.10	-4.20	38.28	-13.14
Quartile Rank	▭	▭	▭	▭	▭	▭	▭	▭	▭	▭	
Percentile Rank	34	20	17	1	40	40	40	20	20	1	
# of Invest. in Cat.	7	6	7	7	6	6	6	6	6	5	—
Category Name	SR	SR	SR	SR	SR	SR	SR	SR	SR	SR	SR

Holdings	% Portfolio Weight	First Bought	Market Value USD as of Jun 30, 2022	Share Change %	1-Year Return	P/E
American Tower Corp	8.98	Mar 31, 2019	234,355,583	↓ 14.04	-2.28	62.11
Prologis Inc	5.13	Jun 30, 2011	134,058,057	↑ 21.54	5.75	55.56
Public Storage	5.11	Dec 31, 2008	133,475,384	0.00	11.23	32.15
Duke Realty Corp	4.94	Mar 31, 2020	128,987,817	↓ 3.97	25.11	81.97
Invitation Homes Inc	4.65	Dec 31, 2017	121,324,171	↑ 5.69	-2.14	58.14
Realty Income Corp	4.58	Dec 31, 2021	119,612,885	↑ 36.89	11.71	41.67
Welltower OP LLC	4.46	Jun 30, 2018	116,572,766	0.00	2.21	40.98
Equinix Inc	3.44	Jun 30, 2015	89,727,907	↑ 13.52	-12.77	93.46
Extra Space Storage Inc	3.26	Mar 31, 2014	85,066,975	0.00	11.99	31.95
Simon Property Group Inc	3.20	Dec 31, 2008	83,439,141	0.00	-8.99	18.08

資料來源：MorningStar

封閉式債券基金 有辣有唔辣

在投資標上，封閉式基金又可分為：

- 債券基金 (Bond CEF)
- 股票基金 (Equity CEF)

而封閉式債券基金有眾多的分類，而筆者認為下列類別具一定投資價值：

美國市政債基金 (Municipal CEF)

- 美國州政府及地方所發出的債券，可透過封閉式基金的形式投資。
- 普遍 4 至 5% 息率（Yield），免除稅務。

高收益債券基金 (High Yield CEF)

- 由基金經理主理債券投資，不時調整組合，分散風險。
- 因基金形式失去保本的特性，同時債券早經購入，迴避了贖回風險。
- 現金流能力仍不錯，普遍 8 至 12% yield，但需繳付 30% 預付稅。
- 預扣稅每年按基金個別情況進行退稅。

封閉式基金 致勝之道

以下是筆者投資 CEF 一些經歷的分享：

筆者投資初期比較保守，偏好市政債的投資，但之後發現一個問題，就是市政債因各種原因變得槓桿過高，槓桿能提升收益，但槓桿過高總不是好事，會減低抵抗困境的能力，這樣反倒有違投資市政債的原意。所以筆者建議，讀者在投資市政債時，不妨在新推出的市政債中尋寶，看看有沒有具一定息率而槓桿不高的基金，說不定會有投資機會。

而談到高收益債券基金方面，筆者曾投資 Guggenheim Partners 及 PIMCO 發行的封閉式債券基金，分別是 GOF 及 PTY。前者是新手上路的嘗試，後來發現 GOF 持續 ROC 後，筆者認為有違組合的投資目的便賣掉；後者 PIMCO 發行的 PTY 倒是一直在溢價交易，但筆者的想法是，要用溢價買垃圾債是怪怪的事，而平常買入 PTY (~10% Monthly Yield) 更需付出 30% 的溢價更是匪夷所思。

直到 2020 年疫情發生後，封閉式基金流動性弱的問題一再突顯——即是基金運作正常，價格卻一直掉下去，同時更把所有溢價去掉，那正是難得的出手機會。當一兩個月後，局勢開始穩定，而 PTY 的槓桿比率持續上升，這暗示了基金經理正在市場抄底，筆者也樂見其成，加上利率與債價呈反比，推升了資產淨產 (NAV)，配合溢價慢慢回復，基金價格的推升當屬理所當然。直到 2021 年底，聯儲局決定加息、收水，這個時候整個投資邏輯便發生了根本性的改變，加上當時基金呈 30% 左右的溢價，筆者決定沽清了所有的封閉式債券基金。

如果按 $12.3 的買入價，持有近兩年 20% 的股息，然後 $19 左右沽出計算，這次又是一筆不錯的投資。

圖表 4.4

PIMCO Corporate & Income Opportunity Fund (PTY) 股價 (2018-2022)

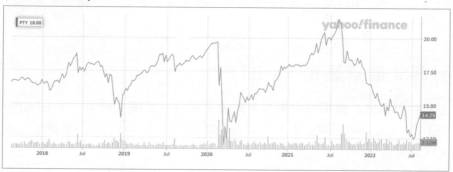

資料來源：YahooFinanceChart

值博率低的封閉式債券基金

投資是有機會成本的，筆者是對以下的封閉式債券基金持保留態度，理由如下：

投資級債券基金 (Investment Grade Bond CEF)

- 投資封閉式基金是為了現金流，而投資級債券的 Yield 偏低。
- 如為了對沖，則建議使用美國國債 ETF 更佳。
- 如為了低風險收益，則建議免稅的美國市政債 (Municipal CEF)，收益反而更高。
- 如為了穩定回報，倒不如直接買入優質的房託。

優先股基金 (Preferred Share CEF)

- 關於優先股類，筆者建議持有原始產品。因為部分優先股是免稅，而優先股基金，縱然有不錯的現金流，但則必需付 30% 稅

股票及期權基金 (Covered-call CEF)

- 透過期權操作來增加現金流收益，並配置體質較佳的資產。
- 期權所得之收益為 ROC(Return of Capital)，有關收益不用繳稅。
- 除 ROC 外的收益須繳股息稅。
- 定位上較 Covered-call ETF 為佳，但筆者有更好的選擇。

封閉式股票基金 vs ETF

主流對封閉式基金仍集中於債券類，不過也有封閉式股票基金 (Equity CEF)，而當中的底層資產，又可細分為股票類及混合類 (即是股票配固定收益資產)。

投資封閉式股票基金時，必須明白自己的投資目的，因為封閉式股票基金有一個強大的對手——交易所指數基金，即是 Exchange-Traded Funds (ETF)。

投資封閉式基金是為了穩定現金流及稅務優惠，當考慮到機會成本，筆者建議考慮封閉式股票基金時，應選擇具有良好現金流的底層資產類別，而基金經理可透過槓桿、資產配置及選股增加回報，所以筆者傾向房地產類 (Real Estate)、基礎建設類 (Infrastructure) 及公用類 (Utility) 的封閉式股票基金。

如果封閉式基金持有低現金流的底層資產，為達到給予穩定股息予投資者這目的，基金經理可能透過賣出資產、退還資本 (Return of capital) 或是期權方案，這點涉及不必要的風險，所以筆者對於其他類別的股票基金如科技類 CEF、醫療類 CEF，一律建議選用指數基金 (ETF) 為佳。

投資封閉式基金 注意事項

管理費

管理費是一種內扣費用，由於封閉式基金是主動型的基金，費用會比一般的被動式基金為高，宜選較低管理費的基金。

利息費用

利息費用來自槓桿操作，由於槓桿會為投資者引來額外收益，是一種良性的費用，所以計算費用時，應集中考慮管理費。當然從利息費用及槓桿之間的比例，便可間接得到利率的高低，也是間接顯示經理的能力。

交易時機

由於封閉式基金是於金融市場公開交易，價格按供求決定，而基金管理公司每日會公佈基金的淨值 (Net Asset Value，NAV)，所以交易是很可能在：

- 溢價交易 Trade at premium
- 折讓交易 Trade at Discounts

投資者如果平日有做功課，找出優秀的基金，然後盡量在其處於折讓價格時買入。

封閉式基金其中一個特點是流動性低，這是缺點，亦是優點。只要基金有大手賣出，股價會短時間內出現波動，大平賣機會便會出現，所以請好好利用其特點，預早設定 GTC 交易訂單 (Good 'Til-Canceled，到取消前有效)，好好埋伏。

基金公司

封閉式基金是吃重基金經理的能力，故盡可能選擇較大型的基金公司，一來能力上較有保障，二來在成本效益下，一般管理成本較低。

筆者不時留意下列基金公司產品

- 債券型封閉式基金
  - PIMCO　太平洋資產管理公司
  - DoubleLine
  - Guggenheim Partners
- 股票型封閉式基金
  - Cohen & Steers
  - Brookfield Public Securities Group LLC
  - Reaves

稅務安排

由於封閉式基金被分類為股票 (Shares)，須繳付預付稅，並按情況退還部分款項，有關股息稅——香港為 30%，而中國簽下稅務協定則為 10%，下列是免稅事項：

- 資本退回 (ROC)
- 資本增值 (Capital Gain)——長期資本增值、短期資本增值
- 投資者需繳當地的資本增值稅，由於香港沒有資本增值稅，則不用繳付。

如下圖中顯示了 Cohen & Steers Quality Income Realty Fund (NYSE: RQI) 於 2020 年的股息安排。該表顯示 2020 年 12 個月之股息分類，每月收到 US $ 0.08，全年即 US$0.96。

圖表 4.5
Cohen & Steers Quality Income Realty Fund (RQI) 2020 年度股息

01/01/2020	to	12/31/2020	GO				
Declared Date	**Payable Date**	**Ex Date**	**Distrib Amount**	**Income**	**Long Gain**	**Short Gain**	**ROC**
12/14/2020	3/31/2021	3/16/2021	$0.0800	$0.0260	$0.0000	$0.0000	$0.0540
12/14/2020	2/26/2021	2/9/2021	$0.0800	$0.0260	$0.0000	$0.0000	$0.0540
12/14/2020	1/29/2021	1/12/2021	$0.0800	$0.0000	$0.0800	$0.0000	$0.0000
9/29/2020	12/31/2020	12/15/2020	$0.0800	$0.0665	$0.0000	$0.0000	$0.0135
9/29/2020	11/30/2020	11/17/2020	$0.0800	$0.0800	$0.0000	$0.0000	$0.0000
9/29/2020	10/30/2020	10/13/2020	$0.0800	$0.0260	$0.0000	$0.0000	$0.0540
6/25/2020	9/30/2020	9/15/2020	$0.0800	$0.0800	$0.0000	$0.0000	$0.0000
6/25/2020	8/31/2020	8/18/2020	$0.0800	$0.0657	$0.0000	$0.0000	$0.0000
6/25/2020	7/31/2020	7/14/2020	$0.0800	$0.0033	$0.0000	$0.0000	$0.0000
4/1/2020	6/30/2020	6/16/2020	$0.0800	$0.0000	$0.0800	$0.0000	$0.0000
4/1/2020	5/29/2020	5/12/2020	$0.0800	$0.0000	$0.0800	$0.0000	$0.0000
4/1/2020	4/30/2020	4/14/2020	$0.0800	$0.0000	$0.0800	$0.0000	$0.0000
2/28/2020	3/31/2020	3/17/2020	$0.0800	$0.0000	$0.0800	$0.0000	$0.0000
1/7/2020	2/28/2020	1/23/2020	$0.0800	$0.0000	$0.0800	$0.0000	$0.0000

資料來源：CEF Connect 網站截圖

稅務安排如下：

Long Term Capital Gain（長期資本增值）及 Return of Capital（資本退回）不用繳稅

- 只有 Income（股息收入）部分需要繳稅

2020 年度的稅項為：
= (0.026*3 + 0.0665 + 0.0657 + 0.08*2)*30%
= (0.078+ 0.0665 + 0.0657+0.16) *30%
= 0.11106

由於該年全年股息收入為 US $0.96，實際稅率為 11.57%。

詳細說明一下，對於美國人來說，長期資本增值及短期資本資值是兩個不同的稅率，為了稅務上更好的安排，RQI 會設法在安排收益成長期資本增值。鑑於香港沒有資本增值稅，兩者對本港的投資者沒有分別，但是如果讀者身處海外，並且當地設有資本資值稅，一般來說，長期資本增值稅的稅率是較低，有關的安排便會影響你的稅後收入。

封閉式基金有一個比較爭議的題目——資本退回 (ROC)，其成因如下：

- 因為使用期權提升額外收入，基金經理會把該部分的收入歸類為 ROC。
- 因為需要達成稅務減免，基金經理會暫時退還部分本金。
- 市場上沒有合適的投資物，基金經理會等待機會，並退還部分本金。
- 該基金的收入入不敷出，基金經理用退還本金的方式填補股息。
  (俗稱「息從本中派」)

所以 ROC 不一定是壞消息，投資者應細閱基金的投資方針及其年報，藉以得知 ROC 的原因。但如果基金在沒有特殊的投資方針下，長期出現 ROC 則要小心留意。

GOF 基金的槓桿與 ROC 🔍

在封閉式債券基金當中，有兩隻非常有名的基金，分別是 Guggenheim Strategic Opportunities Fund (NYSE：GOF) 及 PIMCO Corporate & Income Opportunity Fund (NYSE：PTY)。

兩者所以有名，原因是令投資者財息兼收，每月收取不錯的股息，股價亦時有增長，其回報不時比股票大市更高。

不過，GOF 卻在近年好一段時間維持零槓桿及長期 ROC，引致回報慢慢減低。事緣那一段時間，GOF 一直找不到良好投資機會，基金經理決定在債券贖回後不再投資，於是持續把債息及部分現金退回給股東，結果出現零槓桿及長期 ROC 的現象。

這決定跟 Guggenheim 是古典型價值投資取向有關，該基金經理不時在財經媒體說美國股市充滿泡沫，是十分謹慎的投資風格。而當 2020 年新冠肺炎疫情重創債市，基金經理便在債市中找到機會，重新開槓桿買貨，提升收益。這種務實的投資態度反而令投資者得益。

槓桿是一種選擇權，可開可不開，當市場上沒有良好機會時，基金經理有可能會收槓桿。有機會時才開槓桿，利用槓桿放大收益，即使投資者沒有相關的知識，也可經基金經理間接地獲得槓桿的好處。相反，有部分基金經理會為了「維持收益」而長時間推高槓桿，形成過高槓桿。所以在檢視基金表現時，不用對低槓桿感到奇怪，反而應提防長時間處於高槓桿的基金。

RQI 基金的 ROC 與稅務安排

前文提及的 Cohen & Steers Quality Income Realty Fund (NYSE：RQI) 封閉式股票基金，筆者也曾於 Blog 中簡介，其主要投資物為美國的房地產信託 (US REITs)。

由於新冠肺炎於 2020 年 3 月傳染至美國本土並在當地爆發，美國經濟陷入停頓，不少商店停止運作，由於收不到租金，部分 Mall Reits 直接破產。同一時間，投資美國房託的 RQI 持續出現 ROC，引得不少朋友關注其財政情況。

出現 ROC 的主因在於 RQI 的宗旨：提供稅務減輕的安排 (Tax advantage treatment)。對美國投資者而言，他們的投資獲利需交資本所得稅，當中又細分為「短期資本所得稅」及「長期資本所得稅」。長期及短期的分界線是「一年」的持有期，兩者的稅率不同，「長期資本所得稅率」遠比「短期資本所得稅率」為低。

所以，RQI 會傾向買入股票並持有超過一年，然後賣出，形成長期資本所得，令美國投資者繳交較低的稅款。而對香港投資者而言，由於兩者簽有協議，海外投資者只需交當地的資本所得稅，而香港沒有資本所得稅，所以香港投資者完全不用交該部分的稅項。

事實上，當時 RQI 更利用借貸方式發還股息 (被分類為 ROC)，然後基金手中的資金不斷進行抄底，買入大量平價資產。一年後，資產價格大幅回升，基金賣出部分資產，並把所得歸類為長期資本所得，正是 2021 年 3 月時基金立即停止 ROC，而出現 Long Gain 的原因。

這例子正正說明，ROC 不一定是壞事。

圖 4.6

Cohen & Steers Quality Income Realty Fund (RQI) 股息 (9/2020 - 6/2021)

Distribution History

Enter declared start and end dates to display distribution history below. **Income**, **Long Gain**, **Short Gain** and **ROC** breakdowns will only be shown for the past year.

Declared Date	Payable Date	Ex Date	Distrib Amount	Income	Long Gain	Short Gain	ROC
6/30/2021	9/30/2021	9/14/2021	$0.0800	$0.0487	$0.0261	$0.0052	$0.0000
6/30/2021	8/31/2021	8/17/2021	$0.0800	$0.0000	$0.0133	$0.0667	$0.0000
6/30/2021	7/30/2021	7/13/2021	$0.0800	$0.0000	$0.0694	$0.0106	$0.0000
3/29/2021	6/30/2021	6/15/2021	$0.0800	$0.0464	$0.0336	$0.0000	$0.0000
3/29/2021	5/28/2021	5/11/2021	$0.0800	$0.0000	$0.0800	$0.0000	$0.0000
3/29/2021	4/30/2021	4/13/2021	$0.0800	$0.0000	$0.0800	$0.0000	$0.0000
12/14/2020	3/31/2021	3/16/2021	$0.0800	$0.0260	$0.0000	$0.0000	$0.0540
12/14/2020	2/26/2021	2/9/2021	$0.0800	$0.0260	$0.0000	$0.0000	$0.0540
12/14/2020	1/29/2021	1/12/2021	$0.0800	$0.0000	$0.0800	$0.0000	$0.0000
9/29/2020	12/31/2020	12/15/2020	$0.0800	$0.0665	$0.0000	$0.0000	$0.0135
9/29/2020	11/30/2020	11/17/2020	$0.0800	$0.0000	$0.0000	$0.0000	$0.0000
9/29/2020	10/30/2020	10/13/2020	$0.0800	$0.0260	$0.0000	$0.0000	$0.0540
6/25/2020	9/30/2020	9/15/2020	$0.0800	$0.0000	$0.0000	$0.0000	$0.0000
6/25/2020	8/31/2020	8/18/2020	$0.0800	$0.0657	$0.0000	$0.0000	$0.0000
6/25/2020	7/31/2020	7/14/2020	$0.0800	$0.0000	$0.0033	$0.0767	$0.0000
4/1/2020	6/30/2020	6/16/2020	$0.0800	$0.0000	$0.0800	$0.0000	$0.0000
4/1/2020	5/29/2020	5/12/2020	$0.0800	$0.0000	$0.0800	$0.0000	$0.0000
4/1/2020	4/30/2020	4/14/2020	$0.0800	$0.0000	$0.0800	$0.0000	$0.0000

*Indicates a Special Distribution: A distribution disbursed in addition to the normal distributions paid out by the company.

資料來源：CEF Connect 網站截圖

另外，投資者可於 MorningStar 中查閱封閉式基金持股的轉變。圖表 4.7 為 RQI 於 2021 年的持股變化。只要細心觀察，便會發現該基金於 2021 年大量買入處於疫情風眼的資產——零售及娛樂類房地產。該部分的投資在 2021 年後期價格大幅回升，基金亦在同一時間慢慢賣出持股套現。

RQI 這種「代客抄底」及稅務處理手法，正是筆者投資封閉式基金的其中一個原因。

圖表 4.7
Cohen & Steers Quality Income Realty Fund 2021 年
持股變化

	Equity View	Bond View	Equity Prices								
Top 25 Holdings	% Portfolio Weight	Nominal Value Owned	Nominal Value Change	Sector	Style	First Bought	Latest Analyst Report	Country	YTD Return (%)	P/E
American Tower Corp	8.19	849,338	187,486	🏠	▦	03/31/2019	08/24/2021	United States	35.67	60.89
Public Storage	5.01	466,878	-27,676	🏠	▦	12/31/2008	07/01/2021	United States	44.96	45.50
Duke Realty Corp	4.71	2,788,124	125,666	🏠	▦	03/31/2020	04/01/2021	United States	36.06	40.62
Equinix Inc	4.29	149,873	12,260	🏠	▦	06/30/2015	07/29/2021	United States	24.82	233.55
Simon Property Group Inc	3.79	814,107	-5,800	🏠	▦	12/31/2008	03/29/2021	United States	62.35	29.70
Healthpeak Properties Inc	3.60	3,031,321	0	🏠	▦	12/31/2019	03/11/2021	United States	23.22	—
UDR Inc	3.37	1,926,457	0	🏠	▦	03/31/2006	—	United States	46.90	1845.67
Extra Space Storage Inc	3.25	555,750	-14,296	🏠	▦	03/31/2014	06/25/2021	United States	68.92	39.78
Crown Castle International Corp	3.21	461,825	-58,896	🏠	▦	03/31/2017	07/22/2021	United States	26.36	76.35
Sun Communities Inc	3.14	512,807	0	🏠	▦	09/30/2014	—	United States	38.72	99.11
Ventas Inc	3.04	1,492,381	-167,545	🏠	▦	03/31/2020	06/28/2021	United States	16.66	134.07
VEREIT Inc	3.03	1,846,706	137,858	🏠	▦	06/30/2019	—	United States	36.42	51.14
Prologis Inc	2.96	693,075	0	🏠	▦	06/30/2011	07/19/2021	United States	40.73	66.82
Welltower Inc	2.87	967,672	-193,732	🏠	▦	06/30/2018	07/07/2021	United States	37.08	54.56
SBA Communications Corp	2.76	242,875	0	🏠	▦	06/30/2020	08/03/2021	United States	30.51	152.07
Weyerhaeuser Co	2.73	2,221,309	-152,507	🏠	▦	09/30/2020	01/29/2021	United States	10.80	12.01
VICI Properties Inc Ordinary Shares	2.69	2,430,210	-690,663	🏠	▦	03/31/2018	—	United States	28.20	13.57
CyrusOne Inc	2.41	944,425	0	🏠	▦	06/30/2014	07/29/2021	United States	11.72	2017.50
Host Hotels & Resorts Inc	2.18	3,577,048	0	🏠	▦	09/30/2008	03/12/2021	United States	10.53	—
Essex Property Trust Inc	1.99	185,807	-16,854	🏠	▦	12/31/2011	08/20/2021	United States	43.11	54.13
Spirit Realty Capital Inc	1.64	962,799	-127,953	🏠	▦	06/30/2018	—	United States	32.44	49.01
Invitation Homes Inc	1.51	1,132,631	-950,573	🏠	▦	12/31/2017	07/08/2021	United States	42.96	107.56

資料來源：Morningstar

4.2 股票分置基金

上文提及的封閉式基金 (CEF) 是透過封閉式的結構，合理的槓桿運用及基金管理利益一致的關係，成效遠比開放式基金 (OEF) 優勝，是不錯的現金流工具。

而在加拿大則有更為特殊的基金，同為封閉式結構及專為現金流投資者設計，由於結構不同，所以名為股票分置基金 (Split Share Funds，SSF)，其中 Split「分置」一詞是該基金核心所在。簡單來說，就是基金內有兩種股票，分別會是優先股 Preferred Shares (PS) 及普通股 Common Shares (CS)。(普通股又名 Class A Share，而大型 SSF 可能有不同類別 Class B/ Class C)。由於 SSF 跟 CEF 的構造完全不同，加上收益上的差別，筆者先簡單介紹 SSF 運作原理。

分置兩種股票　適合不同投資者

首先，SSF 基金公司發行普通股及優先股，假設發行了價值 1000 的普通股及 500 的 4% 優先股。即是說該基金集資了 1500，基金經理會買入一籃子資產，當投資產品得到收益後，先優先繳付 4% 的優先股股息，然後把剩下的收益分給普通股持有者。

由於股票分置基金內兩種股票的性質不同，適合不同的現金流投資者。

優先股 Preferred Shares (PS) 適合「保守型現金流投資者」：

- 固定收益資產
- 普遍是每季收息
- 投資受保障，股息回報固定，股價亦變化很小

普通股 Common Shares (CS) 適合「進取型現金流投資者」：

- 穩定收益資產
- 普遍是月月收息
- 接收優先股的資金後進行槓桿投資，扣除優先股的股息後，把剩下的股息分給投資者，著重所持資產的質素，是一種股息最大化的投資產品。
- 股價變化較大，風險較高。

股票分置基金的巧妙之處，在於有效地進行槓桿、提高收益同時控制風險，滿足不同投資者需要。

按上述的資料，舉一個實際的例子：

當基金買入一籃子 6% Yield 的產品：

- 總收益為 90 (1500*6%)
- 歸還給優先股的收益 20 (500*4%)
- 剩下的收益為 70，Yield 為 7% (90-20)

股票分置基金，正是透過這種原理提高收益，再淺白一點解釋：

1. 借優先股為借貸成本，透過優先股鎖定借貸利率，減低利息風險。
2. 借封閉式結構及優先股的特性，可進行高度槓桿而不斬倉。
3. 借一籃子資產的基本面增長 (股息增長)，慢慢放大收益。

4. 進行期權操作，主要是 Short Covered Call，以提升組合收益，最終提升普通股的收益。

綜合上面的因素，股票分置基金往往能提供每年 10% Yield 以上的穩定收益。

參考資料：https://canadianpreferredshares.ca/class-a-shares-of-split-corporations/

投資股票分置基金的考量

在討論 SSF 的考量前，投資者必須明白其本質及投資目的。

SSF 的本質是一種封閉式股票基金，透過封閉式結構免去開放式的不穩定性，即是免去「豬隊友風險」，然後利用優先股為穩定及便宜的資金成本 (Cost of Capital)，以籌集資金買入股票，再利用期權操作獲到進一步的收益，最後把收益以股息的形式退回股東。

所以，其**投資**目的只會是：

- 月月收息，追求持續的現金流收益；
- 透過槓桿及期權，追求較高的現金流。

而基金內的底層資產多會符合：

- 投資於業務穩健的股票；
- 投資標的有穩定的股息；
- 價格穩定，方便期權操作；
- 盡可能分散投資於不同行業。

另外，SSF 的股息分派十分特別。基金會優先發股息予優先股，然後方是普通股。而由於基金不斷使用期權操作，有機會令基金的淨資產 (NAV) 下跌，如果淨資產下跌至低於某一個水平 (多半是 15)，基金會只派發優先股的股息，並暫時停止普通股股息，令基金進行「回血」的現象。這現象十分少見，太多只會在熊市資產價格大幅下跌時出現。

暫停派發普通股股息是一種對基金自我保護手段，筆者持中立的立場。當然，對投資者而言，自然是找一個少用此手段，更為可靠的基金，方是明智。所以，在選擇基金的路上，除予提及的 4 點之外，還要考慮：

- 基金 NAV 盡可能高，NAV 高會保障普通股投資者；
- 盡可能少的暫停股息次數；
- 盡可能選大型基金公司，期權操作很靠經理實力；
- 避開科技、周期為主的基金，價格波動高會易出事；
- 較低的管理費。

4.3 封閉式基金 vs 股票分置基金

要獲得穩定現金流，除了買入「收息股」外，只要放眼海外，你會發現還有很多選擇，只因外地有眾多為了現金流收入而特別設計的產品，大大提升現金流投資的穩定程度及操作彈性。

這些產品除了上述提及的美國封閉式基金 (CEF)，加拿大股票分置基金 (SSF) 外，其實歐洲還有因為稅務優惠而產生的封閉式信託 (CET)，至於 CET 的詳細運作，遲些有機會再討論。

基金不保本 屬工具資產

由於封閉式債券基金及股票分置基金，是以基金形式存在，失去了「保本」的功能，加上沒有抗通脹能力，所以只是工具資產，為組合提供持續而穩定的現金流收益。

封閉式股票基金則比較微妙，因為底層資產為股票或是混合資產，具有股息及資本增值的功能，所以投資時必須思考其機會成本，即是比較同類型資產的被動式指數 ETF 的表現。

事實上，優秀的封閉式基金經理的表現可持續優於行業指數 (Sector ETF)，加上部分封閉式股票基金具抗通脹能力，所以封閉式股票基金既可是工具資產也可是核心資產。

每一家證券公司的處理手法也會有所不同，按筆者使用的盈透證券 (Interactive Brokers) 為例，則會在投資者收取股息時預扣 30% 為預扣稅，並於下年度 3 月左右作進一步稅務處理，只要符合特定條件即可退還稅款。

圖表 4.8　封閉式基金 vs 股票分置基金

	封閉式 債券基金	封閉式 股票基金	股票分置基金
類別	工具資產	工具資產/ 核心資產	工具資產
貨幣	美元	美元	加元
派息	每月派息	每月派息	每月派息
相關資產	債券	股票或 股債混合	股票
稅務	30% 預扣稅　按情況進行退稅 *		15% 股息稅
主要風險	利率風險	資產基本面	流動性風險

指數期權基金 回報大敗

另外，筆者也想在此談談指數期權基金。

指數基金 (Index ETF) 是為了分散風險，自動化得到大市回報，運用期權是為了得到現金流收益。當兩者合在一起便是**指數期權基金**，即是把資金投資於市場指數之內，同時運用期權得到現金流，其年化收益為 ~11%。

Global x nasdaq 100 covered call ETF (QYLD)

對於指數期權基金，筆者不時聽到「投資大市」、「高現金流」等的回饋，但是按總回報 (Total Return) 之下，它們的回報又遠低於其原始指數的表現 (QYLD Vs QQQ)。

如果考慮按機會成本，可把同為期權為提升收益的 3 種基金放在一起比較：

圖表 4.9　運用期權的 3 種基金大比併

	股票分置基金 （SSF）	封閉式股票基金 （運用期權） （Cuver-call CEF）	指數期權基金
結構	封閉式	封閉式	開放式
豬隊友風險	沒有	沒有	有
股息稅	15%	30%（期權部分可退還）	30%
配息	每月配息	每月配息	每月配息

第一回合：結構

由於指數期權基金是開放式結構，結構上本質不穩，自然會有豬隊友風險。

指數期權基金： 敗！

第二回合：稅務

由於 SSF 只需抽取 15% 股息，Cover-call CEF 則視乎股息的分類，如果是期權所得被分類為 Return of Capital (ROC) 則可以退稅，而指數期權基金則是硬付 30% 股息稅。

指數期權基金：敗！

如果配上實戰上的現金流，SSF 每每近 14% Yield 的回報，更是把 Cover-call CEF 及指數期權基金全比下去，這也是筆者投資於 SSF 的原因。

筆者建議，如果投資指數 ETF，便直接買入原始指數 ETF，不要買指數期權基金。因為經驗告訴我們，投資於指數期權基金面對同一種風險，但卻只得更低的回報，那是一個「笨主意」。如果為了更多的現金流回報，倒不如學習期權知識，自己動手投資期權的風險會更低。

圖表 4.10
納指 ETF Invesco QQQ Trust (QQQ) 股價
(2016-2022)

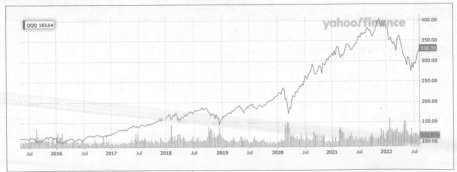

資料來源：YahooFinanceChart

圖表 4.11 指數期權基金 Global X NASDAQ 100 Covered Call ETF (QYLD) 股價 (2018-2022)

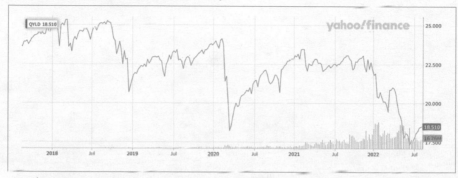

資料來源：YahooFinanceChart

第五章

房地產信託
多功能打手

在資產配置上，房地產房地產信託 (REITs) 是一種
多功能的打手，正式進入股票的性質，也就是說，
配置房託需要考慮的風險，較固定收益資產及封閉
式基金為高。

首先，房地產信託 (REITs) 的本體是封閉式基金，
只是它的業務必須是房地產相關並多是營運者身份
去經營項目，並且多數是經營收租類的業務，少數
會涉及開發物業的項目，最終為投資者提供穩定的
現金流回報。

作為收租類項目，REITs 的業務簡單易明，需要關
注事情也不多；相對其他股票來說，容錯率較高，
算是容易上手的項目，亦是防守組合中的常客。

5.1 REITs 的特點

筆者分享經驗前，先藉與收租股及房地產比較，說一下 REITs 的特點：

租金收入：在法規上，房地產信託必須把大部分的可分派現金（收回來的租金減去營運管理支出），以股息派發予股東；借貸比例設有上限，防止過度槓桿，保持財政穩健。

抗通脹：只要經營得宜，租金收入持續增加，股息收入便會增加，達至抗通脹。

流動性：高，基金於交易所自由買賣。

圖表 5.1　REITs VS 收租股 VS 房地產大比併

	REITs （紙磚頭）	收租股	房地產 （實體磚頭）
租金收入	大部分給予股東	沒有法規保障	業主全收
抗通脹	具抗通脹	沒有法規保障	視乎物業質素
稅務	股息稅（如有）	股息稅（如有）	物業稅
管理及保養	專業人士代勞	專業人士代勞	業主閣下親自處理
流動性	高	高	低
交易費用	低	低	高

由於房地產信託的性質跟收租股，以及實體磚頭相似，經常被稱為「紙磚頭」。而對於「以收租為目的」的投資者來說，REITs 可能會比磚頭更為方便、比收租股更為有保障。而於現金流投資者來說，**投資 REITs 的主要目的，在於其提供的現金流具「穩定性」、「持續性」、「抗通脹」**。房地產房地產信託 (REITs) 在全球已經發展了相當一段時間，而在各地政府的推動下，房託在各地也慢慢發展出其特點。當決定投資海外時，房託正是一個簡易及具有保障性的起點。

筆者打算從香港投資者的方向去思考，分享一下當中的考量。首先，重溫一下筆者在投資上的大原則：

- 投資是追求確定性的事，確定性低的事盡量不碰；
- 能力圈由內慢慢向外開展；
- 股票要選優質，債券要選穩定。

所以，在大原則上應由本地房託為起手，慢慢往外伸，過程中要思考當地的特點，然後把外地的優質房託放在組合中。

5.2 香港房託 一支獨大

香港房託的發展比較遲起步，業務多為傳統類別，主要為零售商場及辦公室的收租項目，最近上市的順豐房地產投資信託基金，只為僅有的物流房託。

在市值上，香港房託的整體市值不小，但數量偏低，只因香港擁有全亞州的最大房託——領展房地產投資信託基金 (SEHK：823)，而其他房託則多是地產商利用資產證券化所成的房託。

圖表 5.2 領展以外的香港房託與關連地產商

房託	類型	關連地產商
陽光房地產基金 (SEHK：435)	零售及辦公室	恆基地產 (SEHK：12)
置富產業信託 (SEHK：778)	零售	長實集團 (SEHK：1113)
泓富產業信託 (SEHK：808)	辦公室	長實集團 (SEHK：1113)
冠君產業信託 (SEHK：2778)	零售及辦公室	鷹君集團有限公司 (SEHK：41)

富豪產業信託 (SEHK：1881)	酒店	富豪酒店國際控股 有限公司 (SEHK：78)
順豐房地產投資 信託基金 (SEHK：2191)	物流	順豐控股 （深：002352）

領展以外的房託 難以發展

當投資者投資房託時，必須放下對領展的固有印象，只因領展是房託中的「異類」存在。

如你考慮領展以外的房託，便會發現香港房託是困獸之鬥：

房託種類少	集中於傳統類房託
房託地域集中	大部分是香港物業
管理上較保守	離 50% 的負債上限仍有一定距離
態度被動	單純收租，少進行物業收購、合併、開發

關於態度被動一項，**「難以發展」**可能是更為貼切的形容詞。因為在收購合併」，一般的投地發展物業，以及對外收購合併，都是香港房託有心無力之處：

- 香港地價高昂，除了領展這個異類有能力投地發展外，一般房託難以發展物業；

- 由於其他房託多由地產商的資產證券化所成，管理權亦由地產商間接控制 (External Management)，所以只會向相關地產商收購物業，當然收購時機及收購價錢又是另一有趣的議題。

以上兩點便構成了本港房託 (領展以外) 難以發展的主因。

5.3 星洲房託百花齊放

新加坡政府銳意發展房託的市場，放鬆上市條款及提供稅務優惠，所以每年也有不少來自各地的房託跑到新加坡上市，造就百花齊放的景象。投資新加坡房託 (SG REIT)，往往能有效分散地域及傳統房託的風險：

風險分散

- 房託種類繁多：除了傳統的零售、辦公室、酒店外，更會有醫院、數據中心、物流、工業、住宅等。
- 房託地域分散：新加坡、香港、日本、印尼、印度、中國、歐州、英國、美國等。

重視投資者

當地房託十分著重投資者關係 (Investor Relation)，財報及簡報都顯得簡單易明，把 Distribution per Unit (DPU，每單位可分配收入) 視為首要的 KPI (Key Performance Indicators，關鍵績效指標)，股息多是長升長有。

進取的管理

房託的發展一方面是內在發展 (Internal Growth)，即是加租能力及建造新物業，另一方面則來自外在發展 (External Growth)，即是收購新的物業，從而提升租金收入。新加坡的房託往往行事進取，經常從關連企業做出收購物業，這也是股息增長的要素之一。

免股息稅

除了香港外，新加坡是全球少有的免股息稅地區，房託股息所得可全數進入投資者口袋。

「百花齊放」背後——質素參差

不過，新加坡房託「百花齊放」的背後，便是房託的質素參差不齊。稅務優惠吸引眾多房託在新加坡上市。從商而言，這是「資產證券化」的表表者，當中涉及兩種玩家：

主權基金：

* 主權基金具有官方背景，財力雄厚，亦具有專業管理能力；
* 由主權基金出手買地或是買入未成熟項目，然後透過開發項目及重組租戶組合，慢慢提升租值，待物業成熟後，便會注入房託當中。

房地產企業或私募基金：

* 上市公司或私募基金，財力不一，管理能力不一；
* 其背景多具成熟項目，但因物業流動性不足，企業或私募基金通過「資產證券化」過程，既能提高其流動性，亦能維持資產的控制權；
* 可以透過注入自身的資產來擴展房託組合。

當投資者明白以上要點，便會發現具官方背景的房託更為優質可靠，在加租能力、管理能力、資產質素及擴展能力是有所保證。所以投資新加坡房託時，筆者建議應首先考慮主權基金旗下的房託，另外再配置小量其他特色房託為輔助。

主權基金旗下的房託均有統一名稱，可以按名稱整理清單：

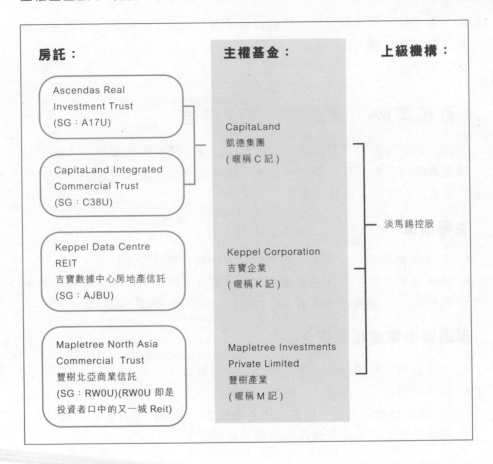

「進取管理」的背後──供股

新加坡房託的管理一向進取，不時作收購合併；不過，這一切需要資金。會計學上，資產上升必然來自負債或是股東資本，因為房託的設計本身會把大部分租金收入分派給予股東，房託手中不會有大量現金。

在進取的管理層面前，房託初期會發債取得資金，但房託有負債限制，即房託發展不能像地產公司般不斷發債。當債務到達上限後，唯有問股東取得資金進行收購。

是故，新加坡房託經常需要供股，這是其增長背後的取捨。

5.4 加國房託 月月配息有特色

加拿大是一個相對冷門的投資地區。當地房託業務多元,主力是零售、辦公室、物流中心、工業類、住宅類,亦流行多元化的組合,即單一房託內有零售、辦公室、物流、輕工業等多個種類,買入數隻保有各種類房地產,有效分散風險。

加拿大房託經營地點集中於加拿大,小部分涉足美國及歐洲。以房託種類及地域而言,亦是不錯的風險分散地。

加拿大人少地多,土地資源較為便宜,一方面是加租能力較低,另一面則是房託具有發展商身份,會自行或合力開發商場、住宅、倉庫等項目。由於當地的物業單純收租則防守有餘,進攻不足,投資當地必須評估其物業開發能力。

每月定額 提供子彈

加拿大房託的最大特色是其配息制度,當地的房託是月月配息的,即是只需投資當地房託,便可每月收到股息。對於組合現金流的配置,是個不錯的投資項目。筆者對於此項目的投資定位便是「現金流機器」,加拿大的房託及股票分置基金可以每月提供定額的現金流收入,令投資者有充足的子彈進行全球掃貨。

而產品特點上,加拿大房託及股票分置基金正好補足雙方的弱點,即是「SSF + CA Reits」的組合,詳情看第十一章〈給谷友的信〉。

5.5 美國房託 令人又愛又恨

美國房託 (US REIT) 是個令人「又愛又恨」的投資物，先説説令人愛的特點。：

一、產業成熟：美國房託是房託的發源地，不但種類繁多、發展成熟，也有不少特殊的投資項目，如監獄、林業、廣告牌、鐵塔。

二、回報豐厚：加租、租戶組合調整、收購、合併、資產變賣，都是美國房託的家常便飯，結果在管理層積極變陣之下，本應沉悶的房託有著不俗的回報。數據指過去 10 年，房託板塊的回報長年在平均線之上。

過去 10 年中，美國大盤指數的複合回報為 15.05%，可謂十分驚人，這是有賴 FAANG 等指數成份股的加持。而在 REITs 的體系，亦不缺打敗指數或是貼近指數回報。當中可以分為信號發射及數據中心 (American Tower Corporation、Crown Castle Inc)、物流及倉儲 (Public Storage)、NNN(Store Capital Corporation、Realty Income Corporation、W.P. Carey Inc)。

然而，美國的**稅務問題**是出了名的難搞。即使香港投資者不用付資本增值稅，但股息稅仍是脫不了。股息稅劃一是 30%，為了防止雙重課稅，美國企業大多花錢在自身發展或是回購股票之上，不過房託法規規定要把大部分的現金收入派還給股東，所以除稅後股息收益是直接打了七折。

圖表 5.3　較著名 US REIT 投入 10,000 美元回報 (2011-2021)

房託	最終所得（美元）	年均複合增長率 CAGR	標準差 Stdev	表現最佳年	表現最差年
SPDR 標準普爾 500 指數 ETF	46,734	15.05%	13.30%	32.31%	-4.56%
Prologis Inc	74,192	19.98%	21.75%	72.33%	-6.49%
American Tower REIT	68,187	19.07%	17.09%	47.85%	-0.48%
Crown Castle Inc.	34,178	19.19%	17.35%	35.46%	1.74%
Realty Income Corp	20,990	11.17%	22.94%	24.00%	-11.55%
Store Capital Corp	22,012	11.93%	30.32%	36.70%	-3.42%
Equinix, Inc.	129,133	26.18%	20.63%	103.35%	-20.41%
W. P. Carey Inc.	49,346	15.62%	20.28%	38.33%	-10.40%
Public Storage	53,335	16.44%	18.40%	66.62%	-6.90%

資料來源：Portfolio Visualizer

5.6 英國房託 雞肋之選

先說結論，英國房託 (UK REIT) 是一個令人感到尷尬的投資項目。

門檻寬鬆

英國的房託發展比香港更慢了點，但整體數量遠超香港，主因是當地房託上市的門檻較低，結果是良莠不齊。筆者建議，市值低的英國房託盡量不要沾手。

過往的相當時間，英國飽受脫歐談判影響，當地經濟發展近年「十分普通」，加上受疫情重創，難以進行客觀的審視。筆者認為，脫歐後英國的經濟仍有相當的不確定性，宜多加觀察。

收取 20% 股息稅

英國的房託類別主要為零售及辦公室，只有小量特別房託——物流、醫療、學生宿舍等等，在物業種類上，英國房託遠遠不如美國及新加坡。

最大問題是稅務。在英國投資一般股票不用收取股息稅，偏偏對房託收取 20% 的股息稅，大大減少到手的收益。最令人尷尬的是，由於新加坡對房託的進取發展，不少歐洲的物業已跑到新加坡上市。如果投資者為了地域分散，倒不如直接買入新加坡房託，便不用交英美的房託股息稅。

歐洲物業但新加坡上市的例子：

- 英國
    - Elite Commercial Reit (SG:MXNU)
- 歐洲
    - IREIT Global (SG：UD1U)
    - Cromwell European (SG：CWBU)

定位尷尬

綜上所言，英國房託具有一定的不確定性，定位上又尷尬，不但種類不多，稅務亦不輕。英國政府的立場上亦偏向保護租客，不但具有空置稅更難以加租，這是對投資者的另一層不利。

相反英國的傳統產業底子厚實，因為連年的脫歐風波及肺炎事件，下筆的今天股票估值偏低，加上沒有股息稅的問題，筆者倒是會直接投資英國的傳統產業，特別是金融服務業，當中有不少極具投資價值的公司。

圖表 5.4　比較各地房託

	香港	新加坡	英國	加拿大	美國
股息稅	沒有	沒有	20%	15%	30%
配息	半年配息	半年配息	半年配息	月月配息	季度配息居多
種類	少	多	偏少	偏多	多

5.7 投資海外房託的考量

香港人一直鍾情地產業，長久以來形成「地產霸權」。但是，行業發展離不開當地的營商環境，不同的土壤自會培養不同的植物，是故放下香港人的既有思維，易地而處地考量投資海外房地產資產，顯得十分重要。筆者以下分享一下這些年當中的思考。

商場類房託　當心電商來襲

海外投資房託時，第一時間要**放下「收租無敵」**此慣有觀念，不要把香港思維模式投放於海外。

其中最重要的是了解商場類房託的前景。地理上而言，香港及新加坡同為地少人多，買入商場收租近乎必勝。但是歐洲及美國地區地廣人稀，加上科技發達，當地零售商場在 Amazon 等電商的進擊下，其成長甚至是生存空間都吃掉不少，甚至逼得美國商場房託巨企——西蒙地產集團(US：SPG) 早年不斷變賣次級資產，以及推動租戶組合轉型。這是現實的無奈，也是時代的眼淚。

而英國房託更是麻煩，因為英國既受電商影響，不少零售店在苦苦支撐，業主卻因法規難以加租。一般情況下，業主可推動租戶組合轉型，以時間換取發展空間，但當地有空置稅，令商場不敢長期空置店面及重組租戶組合，減慢變陣的效率，更打擊了加租能力。對投資者而言，投資英

國房託更要支付股息稅，故筆者認為除非已移居英國，明白當地的確切情況，否則不宜買入當地商場類房託。

3 種零售商 有力突圍

所以，在海外的商場類房託，不一定是穩健的投資。如要投資外地的商場，則需考慮受電商影響較小的類型。以筆者所知，有 3 種零售可逃過電商進擊：

- 生活為主的商場及雜貨店
    - ◆ SRU.UN — 加拿大超市為主的房託
    - ◆ CHP.UN — 加拿大家具店為主的房託
    - ◆ DG — 美國雜貨店
- 貨品體積大而重的貨品
    - ◆ HD (Home Depot) — 美國家具店
    - ◆ Lowe's — 美國家具店
- 體驗為主的零售
    - ◆ EPR — 美國戲院為主的房託

反向思考——物流房託前景可期

歐美電商把不少傳統商場打得七上八落，只要從電商的方向出發思考，便可找到機會。電商的營運需要物流，其發展激發了傳統物流的變革。電商的成功與否，往往決定於物流，而物流中心就是重要一員。

對於租戶而言，優質的物流中心難以取代。首先，物流業的本質需要交通便利又要控制成本，即是交通便利之餘，又要便宜，加上現代的物流

中心的設計，要求樓底高、面積大，這是普通工業大廈無法提供的。更要命的是，租戶要尋找到配合其自身物流系統的物流中心，這種高度針對性的要求，實難以在現成巾場尋找得到。

上面的種種原因往往產生了另一種關係，地產投資需要人量的資本，而每個租客的物流系統也不同，國際巨企 (如 Amazon) 尚可自建一部分的物流中心，而大部分情況下，電商只可依靠跟物流房託互相合作，合作前簽訂長期租約，而物流房託則按其要求發展物業，建成後租予合作方，達成互惠的關係。

一旦電商使用該物流中心，由於已經配合自身的物流系統，如要更換就存有巨大成本及風險。所以對投資者來說，慣性使用是物流業的天然保護。現實上，物流中心長年處於供不應求，不但容易租出，每年加租更是例行公事。故筆者認為，著眼物流業，是投資海外房託時不錯的投資方向。

而投資物流房託時，應首要注重其發展性—— 即房託的擴展能力及地理位置。地理位置是投資物流房託十分重要的考慮，當中又可細分為「城市近郊」及「交通要地」，其中貼近主要公路的物流中心更是難尋。

因應這些條件，物流房託理應視為一種增長型房託，為投資者提供長期穩定的現金流回報，而優質的物流房託具溢價，更很可能會有不錯的資本增長。例子如 Prologis (US：PLD)、Segro (SGRO.L)，以及豐樹物流信託 (SG：M44U)。

圖表 5.5 Prologis, Inc. (PLD) 股價 (2018-2022)

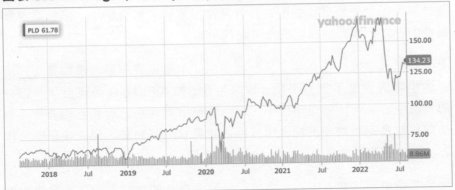

資料來源：YahooFinanceChart

圖表 5.6 SEGRO Plc (SGRO.L) 股價 (2018-2022)

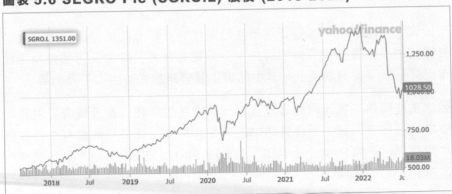

資料來源：YahooFinanceChart

圖表 5.7 豐樹物流信託 (SGX:M44U) 股價 (2018-2022)

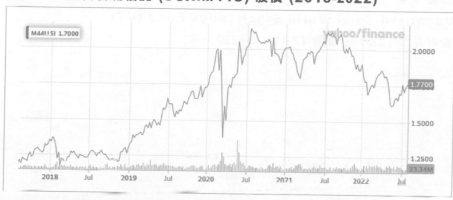

資料來源：YahooFinanceChart

上面的股價圖只是單純顯示股價在過去 5 年的改變，尚未計及房託不俗的股息回報，相信總回報會更高，有心人不妨計計。

投資要有不錯回報，不一定只著眼高科技股、新一代成長股、次世代成長股，有時侯穩穩陣陣的增長型房託，即使不計股息之下，也可跑勝全球指數 (Vanguard Total World Stock Index Fund，US：VT)，更不用說這幾年盈富基金一直也是輸。(沒有比較，沒有傷害！)

圖表 5.8

Vanguard Total World Stock Index Fund (VT)、

盈富基金 (2800) 股價 (2018-2022)

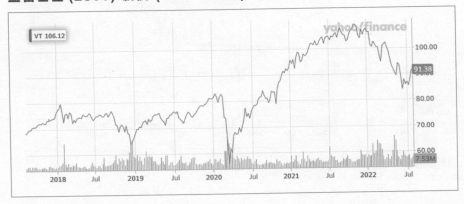

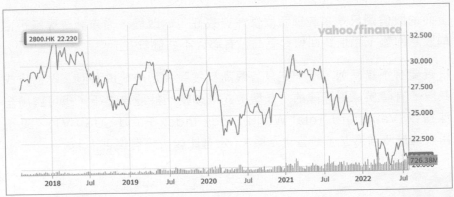

資料來源：YahooFinanceChart

NNN 的安全獲利模式

投資海外房託，可考慮它是否具備 NNN 的安全獲利模式。NNN 又稱 Triple Net，翻譯成中文即為「三重淨租」。3 個 N 分別指：

- Net of insurance：租客負責保險
- Net of property tax：租客負責地產稅
- Net of maintenance costs：租客負責維修費用

即是房託對租戶收取一個相對較低的租金，但盡可能減低費用及風險的方法。

在經營上，這些房託多半有以下的操作：

- 買入次等地段，翻新並租予優質租戶
    - 即使經濟不景氣，優質租戶亦有能力交租及承受加租壓力。
- 簽訂 10 年以上的長期租約
    - 鎖定租金收入，離開市場牛熊周期。
- 訂下每年加租條文
    - 鎖定每年租金的增幅，即是未來 10 多年的租金已被鎖定。
    - 大部分是按 Consumer Price Index (CPI) 加租，從一開始便打敗通脹。

相比起收租業務，這類公司更像是金融公司，不斷想方法鎖定回報，並減低風險。透過預先簽訂的長期租約，進行有關的借貸，直接食息差及租金增長，收入的確定性極高，其回報長期跑勝其他板塊的 REITs，當中的表表者為：

- Realty Income (US：O)
- Store Capital (US：STOR)

2020 年的疫情之下，零售 REITs 為其中一個風眼所在。當時美國的一線零售 REITs（如上文提及的西蒙地產）股息直接腰斬，二線的 REITs(如 US：MAC) 股息腰斬再腰斬，第三線 REITs (US：CBL 及 US：WPG) 則直接爆掉破產（補充一句，US：WPG 正是數年前由西蒙地產受電商進擊而抽離的資產）。相比之下，擁有 NNN 模式的 US：O 與 US：STOR 仍可收回 90% 以上的租金，在大環境減租減股息下，兩者繼續增加租金及提高股息回報予股東。

順便一提，巴菲特長期持有 STOR，也是股神唯一持有的 REITs，並於疫情之下，更是持至其持股上限。而筆者的愛股百匯生命房託 (Parkway Life Real Estate Investment Trust，SGX：C2PU)，亦是以 NNN 模式營運的醫療類房託。

圖表 5.9 Realty Income Corporation (O) 股價 (2018-2022)

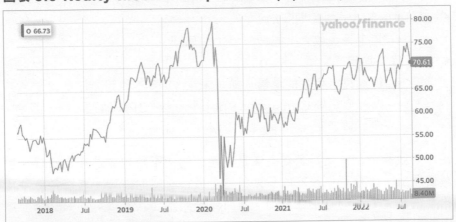

資料來源：YahooFinanceChart

圖表 5.10

STORE Capital Corporation (STOR) 股價 (2018-2022)

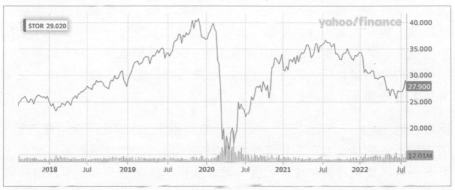

資料來源：YahooFinanceChart

圖表 5.11

百匯生命房地產投資信託 (SGX: C2PU) 股價 (2018-2022)

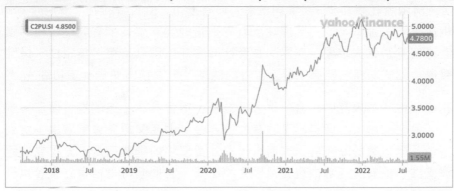

資料來源：YahooFinanceChart

租約長短 一體兩面

租約的長短是一體兩面。長租約可一早鎖定回報，即使是租約其間經濟不景氣，租金收入仍沒大影響，表表者是辦公室類房託，每每簽下七八年的租約 (歐美地區更會有 10 年以上)，每年增加數個百分點的租金，然後續約時大幅加租，防守力十足。而搬遷辦公室成本極大，商戶在沒有巨大的誘因下不會輕言搬遷。

而短租約，面對不景氣時可能於續約時需減租金，但即使不幸地要減租，因短租約的關係，亦可於幾年後重訂租約，加上合理的租戶重訂組合，影響不大，也可在數年後間回復。而且短租約在某些情況下可以有不錯的表現，當物業需求殷切，短約能可更快地提升租金，如下面章節會詳論的印度房託——騰飛印度信託 (Ascendas India Trust SG：CY6U) 便是其中一例。

另一種短租約是住宅類房託，可細分為服務式住宅、工人宿舍、學生宿舍。前兩者在新加坡、英美與加拿大均有上市，但租金回報率普遍麻麻。相比之下，加拿大的住宅房託反而有不錯的資本增長，有興趣收租的讀者可留意加拿大市場，美國的長者社區房託也別具特色，集租住、保健醫療一站式服務，但必須留意當地的條款，投資前需要做一定功課。

在這些住宅類房託中，當中筆者認為學生宿舍具有不錯的投資價值。一句「贏在起跑線」便道出了教育的重要性，中產父母多會考慮讓子女到海外升學。對於歐美等國家而言，海外留學生的學費已是十分重要的經濟支柱，更有房託專門經營留學生的住屋，它們同時是宿舍經營者也是宿舍開發者。

筆者認為，學生宿舍是個風險回報比不錯的投資項目，短租約具有靈活性，容易在續約時加租，穩定的住宿需求亦補充了短約的缺點，這也是英國房託中較為理想的類型，例子：Unite Group plc (LON：UTG)。

圖表 5.12 Unite Group Plc (UTG.L) 股價 (2018-2022)

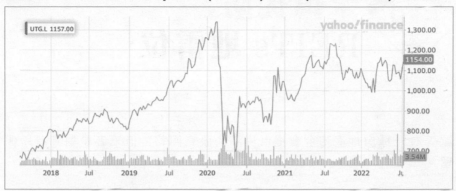

資料來源：YahooFinanceChart

而在後疫情時代，通脹是一種必然，如果在抗通脹的層面討論，除了早前提及按 CPI 的加租條款外，在長短租約間，短租約往往能快速透過重訂租約來抗通脹；相反，長租約在高通脹年反而是來不及轉身，令到辦公室這類慣常使用長約租的房託表現失色。

5.8 千萬提防 REITs 地雷位

歐美有一種房地產基金會提供極高的股息回報,但筆者是對其有所保留。

遠離轉賣為模式的公司

該類公司會主動買入具有明顯提升租值空間的房地產 (商場 / 休閒中心 / 辦公室等),然後透過其專業的管理,為物業重新裝修、重訂租戶組合,找來更好的租客,提升租值。當項目慢慢成熟後,因為租值資本化,大大提升了物業的價值及價格,而因為提升的空間慢慢減低,於是公司便會高價轉賣成熟的物業,從而收取額外的收益,並把收益化為股息回報,例子為 NewRiver (LON:NRR)、Slate Office REIT (CA:SOT. UN)。

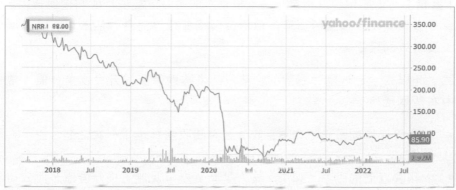

圖表 5.13

NewRiver REIT plc (NRR.L)、Slate Office REIT (SOT-UN. TO) 股價 (2018-2022)

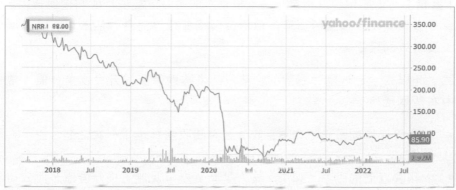

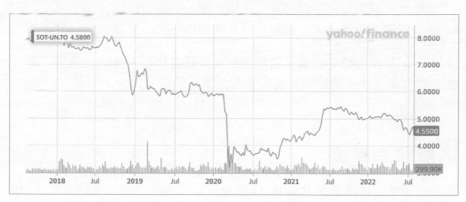

資料來源：YahooFinanceChart

筆者對此增長模式有所保留，有兩種原因：

一．相信讀者明白，價格的提升源自價值，價值其中一個要點在於——**「累積」**。正如現金流也是一場累積資產的遊戲，當項目成熟後便賣出，會令公司無法存有優質資產，價值及價格亦難再提升，無法形成股息增長及有效的緩衝。

二．此模式主動收購二三線的物業，然後透過價值提升令物業升值，當中有數個風險：

- 依賴管理層的眼光，如項目成功，有關收益只是**「一次性」**，並不持續。
- 依賴管理層的眼光，如不幸買入平庸資產，便無法提升價值，而公司不斷出售成熟資產，結果滿手平庸資產。
- 當公司滿手平庸資產，面對突如其來的風浪時，往往欠缺防守力。

投資 REITs 是為穩定收益，對於現金流投資者來說，更為抗通脹，筆者並不要為了多一點的回報，而承受不必要的風險。

遠離政治風險

美國的房地產信託基金 (US REITs) 發展可說全球中最為成熟，談及 US REITs 時，不少投資專家也會提及其私營監獄 REITs，皆因其穩定需求、極高股息回報及獨特經營模式。但筆者已在第三章提及，在這個私營監獄 REITs 項目持保留態度，因為監獄 REITs 涉及不少的政治風險，當地曾有記者應徵私營監獄獄卒，默默寫下當中的經歷，最後出書成文，引起當地不少的迴響。

現在，由於部分州政府不再續辦私營監獄的合約，不少銀行更暫停其融

資要求,加上私營監獄往往債台高築,一直用發新債還舊債的形式來融資。因此,突如其來的形勢令它們難以低息融資,身陷困境。雖然當地私營監獄正不斷改變,減少債務、嘗試多元化經營,但筆者認為,由於其經營模式已經大變,當中有大量的不確定性,投資者的收益無從保障,實宜敬而遠之。具體例子有 The GEO Group Inc(US:GEO)及 CoreCivic (US:CXW)。

再説一遍:投資 REITs 為了穩定收益,而政治風險是最難以處理及計算的,投資者實在犯不著承受不必要的風險!

小心租客、管理者、母公司同源

不少房地產信託是在資產證券化的產物,部分公司會把自用的物業透過證券化,在維持控制權之下,套取物權的價值。但是,這情況下可能出現租客、管理者、母公司為同一源頭,即是原有業主把物業證券化,然後簽下租約承租及管理。

這其實埋下一道地雷,舉一個例子會比較容易明白:2020 年疫情期間,先鋒醫療產業信託 First REITs (SG:AW9U) 在體質健全下,股價卻無故大跌,星洲市場一片混亂。事緣是先鋒醫療產業信託的母公司——力寶 (Lippo) 出現財困,其信貸評級一直下跌。在疫情的前半段,AW9U 一直免收力寶的租金,而年中重訂租金時,有關物業的租金更大幅減少,令 AW9U 股息直接腰斬;同時,自然是股價也腰斬。

圖表 5.14 先鋒醫療產業信託 (SGX: AW9U) 股價 (2018-2022)

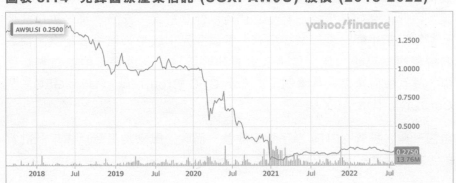

資料來源：YahooFinanceChart

這當中的行為，令筆者想起《少林足球》那句：「**球證、主辦、協辦所有的單位全部都是我的人**」。筆者建議，盡量不投資這種 REITs，如果強要投資，則要定期檢視母公司的財務狀況。別以為這些事很遙遠，在日本，有一間著名的零售商，命令其旗下的房託定下 20 年不得加租，這應該跟當時母公司的財政情況有關。在香港上市的順豐房地產投資信託基金 (SEHK：2191)，同樣有這個潛在地雷，所以投資者理應定期檢視順豐控股 (SZ：2352) 的財務狀況。

遠離酒店 REITs

酒店 REITs 是筆者任何時間也不會去沾手的類型之一，首先要了解，有別於傳統的房託，酒店 REITs 可大致分為兩類：

- 租賃性質：單純出租物業予酒店集團，本質並不參與酒店營運。
- 直接經營：直接營運酒店，並把大部分所得給予股東。

第一種情況，一個物業內往往只會面對單一租客，即是「租客風險」極為集中。如是，如果酒店地理位置不是十分優異，議價能力往往不足，難以加租；如果租客的財政出現困難，有可能面對巨大的壞帳壓力；最壞的情況是，集團是左手交右手的關係，即是某企業把物業以 REITs 上市，並重新租予該集團經營酒店業務，如果該企業財困，有機會落入上文 AW9U 的潛在問題。

第二種情況，企業直接經營酒店業務。這跟其他的酒店公司差不多，股息回報更有明確保障。但是酒店旅遊是一門高度經濟敏感的行業，加上酒店業日常開支不小，需達一定出租率後，方開始收支平衡 (Breakeven)，並不是單純收租性質。

另外酒店的經營本質為極短期租約，合約保障性較其他類型為低。如果當地旅遊不景氣時，酒店收入自然急轉直下；若果當地旅遊暢旺，則會吸引其他業者投入，做成供應增加、壓低租金收入。當然，這行業的玩家還有賓館及 Airbnb，酒店生意不易做。投資具有機會成本，如果要短租約的模式，倒不如投資上文提及的學生宿舍更具風險回報比。

當你明白這點，就會了解本港上市的富豪產業信託 (SEHK：1881) 及與朗廷酒店投資有限公司 (SEHK：1270) 長期有波幅、沒升幅的原因，其股息更沒有長足的上升。

mREITs 不是「REITs」

抵押型房地產投資信託 (Mortgage REITs，mREITs) 往往提供高息予投資者，加上打著 REITs 的名目，給予投資者穩健的印象，但筆者必須指出其跟 REITs 差異之處：

首先從其獲利方式說起：公司把得到的資金投資到房地產的貸款機

構，或是房地產貸款的相關投資物，這往往是**房地產債務** (Mortgage Backed Securities，MBS)，而不是實體的物業。公司透過借取利率較低的短期利息，收取利率較高的長期利息收入，透過兩者之間的息差獲利，然後透過 REITs 的形式得到稅務優惠，把大部分回報給予股東。

一般來說，其債務可分為機構房貸抵押擔保證券 (Agency MBS) 及非機構房貸抵押擔保證券 (Non-agency MBS)。由於貸款有資產抵押、穩定的現金流，所以不少公司會透過分散貸款，在風險控制下，透過槓桿把本來只有約 3% 的回報放大，最後提供可觀的股息回報，這是 mREITs 最為吸引的地方。

不過，槓桿永遠是雙刃劍，當槓桿效大回報的同時，風險也會放大。若公司管理得宜，有效控制風險的話，那確是不錯的投資。其致命性則在於，在經濟繁榮時長債息率抽升，短債息率緩步上升，息差進一步增加，而槓桿會放大息差，提高更好的回報；但經濟一旦轉下，整個情況便會倒轉，息差必定是槓桿下加倍收窄，利潤並不是持續的。最為可怕的當經濟差時，失業率上升導致違約率上升，有關資產價格便會暴跌，當公司未能應付追加的保證金時便會迎來災難，是以 mREITs 是高度經濟敏感的投資項目。

槓桿不是問題，但過度槓桿就必然是問題。如果遇到系統性風險，比如 2020 年因疫情下令致全球封鎖，不少人失業，無力繳付供樓貸款，違約風險上升，MBS 資產價格下跌，銀行會在這時候收水，對高度槓桿的同業則會被要求追加保證金。在流動性缺失的同時，部分 mReits 可能被迫清盤，投資者血本無歸，大量抵押資產被低價售出，衝擊 MBS 市場價格，進一步追加保證金，引發新一輪風暴，「兵荒馬亂」正好描述當時的情況。

用一個比較具象的例子：投資者買入 mREITs，就好像手持計時炸彈，經濟好時自然獲得豐厚股息，但當經濟進入低潮時很可能就引爆。

即使你已細心研究，買入時認定其為一個「**高度穩定的計時炸彈**」，但它可能會因為其他炸彈引爆了，做成系統性資產價格下跌，火燒連環船，隨時令你手上的炸彈爆破，然後在眾多投資者抄底時，你卻在計算損失。

因吸取 2008 年金融海嘯的經驗，2020 年美國聯邦儲備局及時進行量化寬鬆，為市場提供流動性；另一方面主動買入大量 MBS，穩定市場價格，所以才沒有釀成另一場金融風暴。直到 2021 年，聯儲局仍一直在市場購買 MBS，這間接地展示其風險。

當然，即使機構房貸抵押擔保證券 (Agency MBS) 得到政府的保證，當發生違約時，政府會補償其損失，但是由流動性風險產生的危機是無法避免的。萬一政府沒有及時穩定市場，或是不再為其保證，這將是另一場的潛在金融風暴。

點解這般清楚？因為筆者曾經在當時抄了 MBS 的底——「饅頭真好吃。」筆者認為，現金流投資者理應追求高確定性的回報，盡量買入**低經濟敏感的資產**，故筆者對 mREITs 極為保留，加上投資有機會成本，還是買入風險回報比更佳的產品，更為划算。

撰寫此書時，全球已開始踏入加息周期，筆者要再次提醒讀者：

政府保證　仍有流動性風險

mREITs 本質是高槓桿套息交易，還要是息差不穩定及沒有是沒有充足的 buffer 下進行。於 2021 年底，美國正式進入加息周期，長短債之間的息差急速收細，令 mREITs 本來的利潤收細，在槓桿下更是倍數式收細。如果你見到 mREITs 價格下跌，想來一場價值投資，就好易中招，搞不好就成為「價值投井」！

MREITs 例子：Annaly Capital Management (US:NLY)、MFA
Financial (US:MFA)。

圖表 5.15
Annaly Capital Management, Inc. (NLY) 、
MFA Financial (MFA) 股價 (2018-2022)

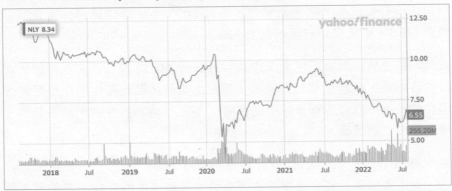

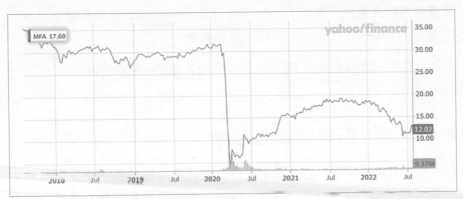

資料來源：YahooFinanceChart

第六章

認識股息貴族

上一章提及，REITs 因為結構關係，必須把大部分的租金收入派發給投資者，既保障投資者的利益，也為其提供持續、穩定及抗通脹的現金流收入。但是「穩定」的另一面則是「悶」及「慢」，始終物業投資是一種資本密集型的行業，股息增加來自收購、翻新及加租，相比起其他行業，股息增長能力相對較低。

而且，當組合中不斷增持 REITs，地產收租類的行業風險便會慢慢集中，如果投資者想進一步增加股息回報及分散行業風險，應考慮投資於其他行業。

回歸企業營運，股息回報的持續性及增長性，仍要根據企業的基本面及現金流的分配，而企業的營運持續變動，在營商環境的不確定性及商業對手的比併下，投資股票的確須具更多知識及付出更多精力。

6.1 細看美、英、加之 股息貴族

投資者最簡單直接的方法，便是由紀錄良好的企業入手，找出符合投資目標的公司。在海外，這些優質企業多半被冠以**股息貴族 (Dividend Aristocrats)** 之名，它們多是極為成熟的公司，具有不錯的護城河，如果想找穩健的投資，筆者建議於當中入手，依靠這清單配合自身的能力圈，可找出不錯的投資目標。

進身股息貴族 各地條件異同

股息貴族由標普道瓊斯指數有限公司 (S&P Dow Jones Indices LLC) 編製並定期更新。英美加三地的股息貴族條件略有不同，但大方向仍是根據一系列嚴格的指標找出股息紀錄良好，且財務實力有一定保障的公司。

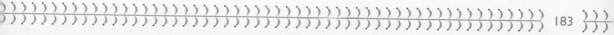

圖表 6.1 美英加之股息貴族大比併

	美國股息貴族	英國股息貴族	加拿大股息貴族
身份	標準普爾 500 指數成員	40 家股息收益率最高的英國公司	多倫多證券交易所上市 S&P Canada BMI 的成員 (BMI 即 Board Market Index)
市值限制	至少 30 億美元	／	市值至少為 3 億美元
股息紀錄	至少連續 25 年每年增加股息	至少連續 10 年增加或穩定股息	連續 5 年增加分紅
流通量	平均每日交易價值至少 500 萬美元	／	／

從簡表可見，同為股息貴族，美國的要求遠比英國及加拿大為高。由於英國的股息貴族在市值上並沒有限制，有可能是小型股，加上只是要求 10 年的穩定股息，不是連續股息增加，含金量相對較低。

所以，股息貴族含金量： 美國 > 加拿大 > 英國

評論股息貴族 ETF

股息貴族的概念，可説是提供一張快靚正的購物清單，投資者可以此避開大量的陷阱，買入優質資產。而如果投資者怕麻煩，想一次過打包買入，則可考慮其該國股息貴族 ETF。

圖表 6.2

**ProShares S&P 500 Dividend Aristocrats ETF (NOBL)
股價 (2021-2022)**

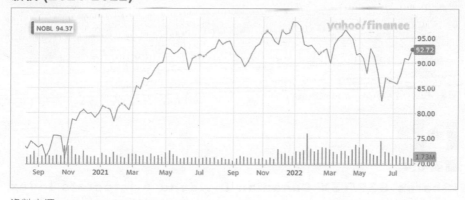

資料來源：YahooFinanceChart

NOBL 十大持股 (2021 年 8 月)：

Albemarle Corp、Nucor Corp、West Pharmaceutical Services、Amcor Plc、Pentair Plc、Franklin Resources Inc、Chubb Ltd、Walgreens Boots Alliance Inc、Sysco Corp、Nextera Energy Inc。

UKDV 十大持股 (2021 年 8 月)：

Wm Morrison Supermarkets plc、Legal & General Group Plc、GlaxoSmithKline plc、Admiral Group plc、British American Tobacco plc、Jupiter Fund Management plc、Phoenix Group Holdings plc、Rio Tinto plc、IG Group Holdings plc、BAE Systems plc。

CDZ 十大持股 (2021 年 8 月)：

Keyera Corp、Smartcentres Real Estate Investment、Enbridge Inc、Pembina Pipeline Corp、Power Corporation of Canada、Canadian Natural Resources Ltd、Bce Inc、Great West Lifeco Inc、Exchange Income Corp、Fiera Capital Corp Class A。

圖表 6.3

SPDR S&P UK Dividend Aristocrats UCITS ETF (UKDV.L) 股價 (2021-2022)

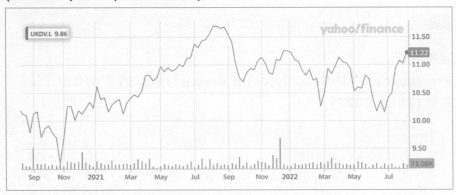

資料來源：YahooFinanceChart

圖表 6.4

iShares S&P/TSX Canadian Dividend Aristocrats Index ETF (CDZ.TO) 股價 (2021-2022)

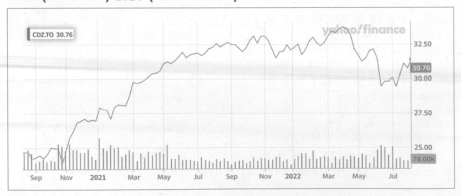

資料來源：YahooFinanceChart

當然，**沒有比較沒有傷害**，下面是香港所謂藍籌股即恆指 ETF 的表現。

圖表 6.5 香港恆指 ETF (2833) 股價 (2021-2022)

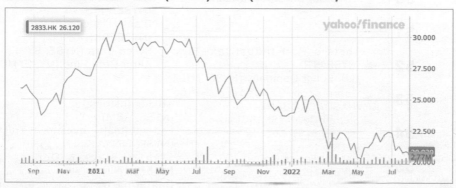

資料來源：YahooFinanceChart

如果對於美國股息貴族有一定興趣，且有相當的時間可供投資滾存，則可進一步查看名為股息帝王 (Dividend Kings) 的條件清單，其要求比美國股息貴族更為嚴格。

	股息貴族	股息帝王
身份	標準普爾 500 指數成員	標準普爾 500 指數成員
股息紀錄	必須至少連續 25 年每年增加股息	必須至少連續 50 年每年增加股息

圖表 6.6 2021 年 31 隻美國股息帝王

連續增加股息記錄（年）

50 → Universal Corp.(NYSE: UVV)

National Fuel Gas Co.
(NYSE: NFG)；
Black Hills Corporation
51 → (NYSE: BKH)；
Sysco Corp.(NYSE: SYY)；
Tootsie Roll Industries, Inc.
52 → (NYSE: TR)； Altria Group Inc.(NYSE: MO)
H.B. Fuller Company (NYSE: FUL)
Commerce Bancshares, Inc.
53 → (NASDAQ: CBSH)；
Stepan Co.(NYSE: SCL) ABM Industries Inc.
(NYSE: ABM)；
54 → Federal Realty Investment Trust
(NYSE: FRT)；
Hormel Foods Corp. Stanley Black & Decker Inc
55 → (NYSE: HRL) (NYSE: SWK)；
California Water Service Group
Farmers & Merchants Bancorp (NYSE: CWT)；
56 → (NASDAQ: FMAO) SJW Group (NYSE: SJW)

57

Colgate-Palmolive Co.
58 → (NYSE: CL)；
Nordson Corp.(NYSE: CL) Coca-Cola Co (NYSE: KO)；
Lowe`s Cos., Inc.(NYSE: LOW)；
59 → Johnson & Johnson (NYSE: JNJ)；
Lancaster Colony Corp.
(NASDAQ: LANC)
60

61 → Cincinnati Financial Corp.(NASDAQ: CINF)

62
Procter & Gamble Co.
(NYSE: PG)；
63 → 3M Co.(NYSE: MMM) Parker-Hannifin Corp.
(NYSE: PH)；
Emerson Electric Co. Northwest Natural Holding Co
64 → (NYSE: EMR) (NYSE: NWN)；
Genuine Parts Co.(NYSE: GPC)；
65 → Dover Corp.(NYSE: DOV)

66 → American States Water Co.(NYSE: AWR)

6.2 常見的價值陷阱——高息股 ETF

投資海外資產時，筆者並不建議投資於高息 ETF，因為高息 ETF 的入選條件多是按「最高股息率」為重要條件。優質資產只會被理性投資者搶購，股息率自然會低，所以單單依據股息率為 ETF 的條件時，其股票多半是平庸甚至是低劣，投資價值便會低下。如果投資者買入這些高息股 ETF，便容易中了「價值陷阱」。

小心黃昏或是轉型產業

黃昏企業是一種常見的價值陷阱，它們以往擁有光輝歲月，但時過境遷，或是科技逼人，或是潮流轉變，它們的估值會大幅減低，往往呈現便宜且高息的外表。舉一個筆者持保留意見的例子：英美菸草 British American Tobacco（BATS.L）。它是十分著名的煙草公司，筆者不是煙民，但也會發現傳統煙業已走下坡，其業務天花板一直下跌，部分煙業慢慢轉換主業或是發展電子煙，這可能是轉機，但電子煙一直面對規範問題。

回到基本功，投資講求「確定性」。轉型中的公司會有大量的不確定性，這足令投資者在錯誤的時候做錯決定，如果不熟悉公司的話，何不待情況明朗方買入。加上，投資永遠有機會成本，資金是有限的，當把資金投資轉型產業，正表示投資者放棄了現時明確的投資回報。

留意歐英的公用股

公用股是保守型投資者的最愛，因為業務涉及生活必須，為保障市民利益，政府一般對公用事業設立嚴謹的要求，特別是加價的限制，亦往往就公司的資本性支出或是資產設立准許回報率。

不過，歐英等地近年有減低准許回報率的趨勢，這是對市民之利，也是對股東之弊。所以投資歐英的公用事業前必須做足功課，留意當地最新的情況。

第七章

進攻：
嚴選穩定數錢的企業

筆者在前言曾提及：防守是藉由股息及債息而來的現金流，把現金重歸於投資者手中進行再投資，藉以推動投資組合的滾動；而進一步的進攻，則是由企業掌握現金流透過回購或是再投資，最後達成資本增值。

進攻防守間的考慮全是現金流，並按利率的轉動而動態調整，足以應對多變的投資環境。在產業分散之下，便會一步一步構成攻守合一。

我相信，讀者看過以上數章，應明白固定或穩定收益資產這些防守方，適時操作可以亦攻亦守，回報不俗。走筆至本章，筆者以例子具體詳論的進攻方成員，也是在符合風險回報比的情況下，穩穩定定地數錢。

先重溫一下前文提及的進攻方成員資格：

業務穩定及具確定性的現金流

- 具成熟業務及深厚護城河的企業
    - 極高現金流，並用以企業內部成長，或是回購股票構成穩定的資本增長。

> ▼ 受制於出手機會，好的投資永遠是：
> ▼ 普通公司、便宜價格；
> ▼ 優秀公司、普通價格。

眾所周知，那些科技巨企 (Mega Tech) 是優秀的企業，有回購的傳統及不斷增長的可能性；但是如果價格太高，也不是好的投資。所以你的目標不會只局限於科技巨企，投資機會是一直存在於不同的行業。

受益於結構性問題的周期性企業

- 因結構性問題而令該行業穩定地取得巨額現金流，藉而取得極高的現金流回報或資本增長。
- 在合適時機出手，可無視利率的引力，借通脹的順風來獲利，但時機不常出現。
- 這種企業沒有持續上升力，當結構性問題解除時必須離場。

巴老買科技股
會否又失利？

日期：7/4/2022

巴菲特旗下巴郡 (Berkshire Hathaway, BRK) 披露，持有 1.21 億
股惠普 (Hewlett-Packard Company , US：HPQ)，相當於惠普
11.4% 股權，以惠普 6/4/2022 美股收市價 34.91 美元，巴郡持股
價值達 42.2 億美元 (折合 331 億港元)。

當日新聞一出，大眾議論紛紛，皆因股神巴菲特很少投資科技相關的企
業，其早年投資國際商業機器公司 (US：IBM) 失利，直到近年方買入
蘋果公司 (US：AAPL)，以及最近披露的惠普。

HP 的真面目

在分析巴老的買賣前，讀者不妨先寫下對這項投資的想法，然後翻開後頁答案

1. 惠普經營什麼業務的公司：＿＿＿＿＿＿＿＿＿＿＿＿＿＿

2. 惠普是不是科技公司？　　　　（是 / 不是）

3. 惠普的預期回報是高還是低？　（高 / 低）

4. 惠普的投資風險是高還是低？　（高 / 低）

5. 惠普有沒有增長？　　　　　　（有 / 沒有）

6. 股神會否重蹈投資 IBM 的覆轍？（會 / 否）

7. 這到底是不是好的投資？　　　（好的投資 / 差的投資）

圖表 7.1　惠普 2022 年第一季公司業務類型及地區

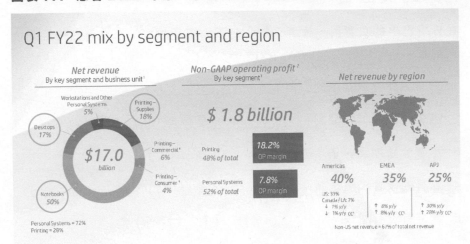

資料來源：惠普財報

根據 2022 年第一季財報節錄（見圖表 7.1），惠普的銷售中，72% 屬電腦業務（手提電腦：50%，桌上電腦：17%），只有 28% 是打印業務（個人打印：4%，商業機構打印：6%，打印消耗品：18%），而總銷售中手提電腦更是佔了 50%，遠遠高於其他業務。

所以説惠普是一間賣手提電腦的公司，這也不為過。而手提電腦的競爭環境可想而知，前有 Apple，後有 Lenovo，左有三星，右有 Fujitsu，還有 Google 的 Chromebook 及 Microsoft 的 Surface Book 從後在進擊。

不過只要細看，由於打印業務的經營溢利率（Operating Profit Margin）為 18.2%，遠較個人系統業務的 7.8% 為高，打印業務對總經營溢利佔有半壁江山（48%），所以打印業務方是惠普的重心所在。換言之，惠普是**表面賣個人電腦，實際是賣打印用品**的企業。

如果把業務再細分，便會發現賣打印墨水的銷售及毛利比賣打印機的銷售更高，這跟「**剃鬚刀**」理論一樣，低價賣打印機，再按墨水**收割用家**。如果說得直白一點，惠普不是科技公司，而是賣墨水的公司，也就是賣消耗品的公司，一種需要不斷重複購買的產品，這是一種極為成熟穩定及低風險的經營模式。

在普遍的概念中，這種成熟穩定、低風險的悶股，理應低增長及低回報。

圖表 7.2　惠普 2020-2022 年季度銷售增長

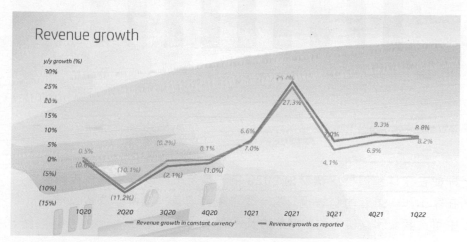

資料來源：惠普財報

圖表 7.3　惠普 2020-2022 年季度銷售及每股盈利

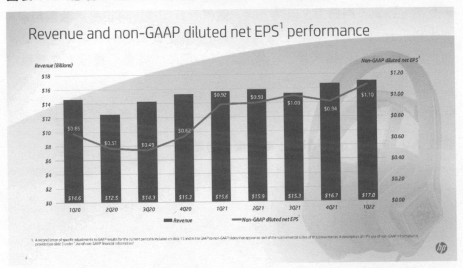

資料來源：惠普財報

即使在全球經濟極度糟糕的 2020 年，眾多用戶因疫情關係被隔離或需在家工作，惠普的銷售也只有一季呈現負增長，其餘季度皆正增長，從中可見其業務具優秀的防守能力及不錯的增長。

圖表 7.4 惠普 2020 至 2022 年營運資金指標

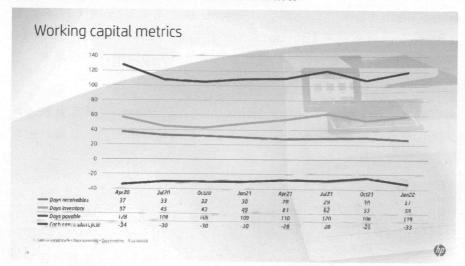

資料來源：惠普財報

現金循環極佳 恍如印銀紙機

而惠普的資金管理數據亦顯示，零售業所看重的現金循環周期 (Cash Conversion Cycle，CCC) 亦長年為負數，即是說公司在日常營運上的現金流極為充足，根本不用花費分毫便可做生意，暗示管理層的優秀管理能力。(CCC 指公司從付出現金到收到現金所需的平均時間，而 CCC 負數即代表公司資金回收比支付更快。) 用一個極端的情況解說，假設今天惠普的現金突然歸零，它也能在沒有現金的情況下，單靠營運現金流已能創造現金，簡直是銀紙打印機。

由於這種企業的業務穩定，現金流充足，資本支出亦不多，所以把大部分的現金回報股東 (Return to shareholders)，而在惠普中大部分以股票回購，小部分為股息分發，為了方便計算便當是全用來回購股票。

如果按惠普市值 US$40B 為計算，按圖中預計 FY22 全年自由現金流 (Free Cash Flow，FCF) 最少 US$4.5B 為基準，市值對比 FCF 大約 8.89 倍，回購收益率 (Buyback Yield) 為 11.25%。事實上 US$4.5B 只是最小的數字，這個數據很可能會持續上升。而回購股票的結果，便是企業的內在值及股票價格持續上升。

而經過歷年的回購，其保留盈餘 (Retained Earning) 早變成負數，即是該企業已經「過分地搵錢」，把本金全數還給股東有凸，在會計上保留盈餘方成負數。

風險回報比極佳的投資

上文從會計知識、業務簡要說明其搵錢能力及發展方向，現實的投資者一定會想知其股價的表現：

公平起見，筆者拉了一張 5 年股價回報比較圖，比較惠普 (HPQ) 跟大盤指數 SPY、QQQ 以及兩位股神的旗艦 BRK B 及 ARKK。

圖表 7.5
惠普、SPY、QQQ、BRK.B、ARKK CAGR 大比併 (2018-2022)

	HPQ	SPY	QQQ	BRK.B	ARKK
年均複合增長率 (CAGR)	13.91%	11.81%	17.42%	9.51%	5.75%

圖表 7.6 惠普、SPY 與 QQQ 投入 10,000 的增長比較 (2018-2022)

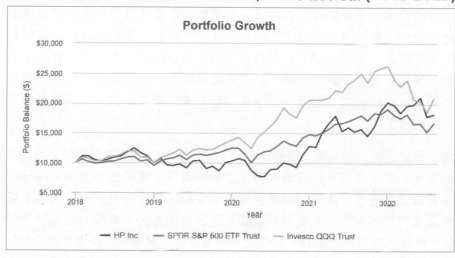

Portfolio Growth

— HP Inc   — SPDR S&P 500 ETF Trust   — Invesco QQQ Trust

資料來源：Portfolio Visualizer

結果有點出人意料。5 年時光中，惠普這隻常人眼中的悶股，不單跑贏傳統代表 SPY 及 Brk B，更跑贏著名的「破壞性創新」科技 EFT——ARKK。而 HPQ 只輸 QQQ 一點而已， 如果考慮到其 Market Correlation 只有 0.54，HPQ 是一個與市場低相關性的股票。簡而言之，這是風險回報比極佳的投資。

> **投資不一定是求增長，有時候投資印錢機器，**
> **然後數錢的感覺也不錯。**

特別是當下投資環境風雲變幻，發現惠普這種印錢機器公司，就像在高風險的時機，突然給你發現低風險的套利。也像是走在街上，發現地上有幾萬元，你撿還是不撿！？而且，這一種現金流極度充足的企業對利率並不敏感，即使在加息周期仍有不錯的防守能力。而加息影響之下，股票價格難免有下跌的波動，對於企業來說便可運用同樣的現金回購更多股票，進一步回報股東。對理性的現金流投資者來說，這是一個愈跌愈爽的情況。

這一種現金流充足、樂意回報股東的企業，其內在值往往不會快速增加，所以十分容易計算其內在值。如果想增加回報，便可進一步運用期權操作及高賣低買。這正是因為業務穩定，自由現金流容易預測，加上明確的股東回報機制，令企業內在值容易計算，如果閣下具備一定的期權知識，便會明白這種價值穩定的企業，股價變化算是穩定，不會十上十落，可運用期權短倉進一步加大回報。

而這一種操作不單適用於 HPQ，同樣適合於其他現金流充沛且業務成熟的企業，譬如 VeriSign, Inc (US:VRSN)。這些也是科技巨企以外的選擇。

7.2 受益於結構性問題的周期性企業

聯儲局兩大目的是追求就業率及控制物價。在起伏不定的 2021 年，聯儲局把就業率放在首位，並錯誤地認為通脹是「暫時性」，現實上其通脹是結構性問題，以及通脹會發生化學反應，形成最為可怕的「通脹預期持續上升」。如果「通脹預期」一旦成形，人的行為便會被改變，經濟將陷入新一輪動盪。

而最好的例子便是日本陷入了通縮預期，人只會想儲蓄過經濟寒冬，導致企業的營收下降，引致企業不敢增加薪水，大眾自然史不願意消費，然後儲存更多的金錢。日本的經濟便是這樣陷入了 20 多年的陷阱當中，直到「安倍經濟學」的出現方慢慢走出死胡同。

順手對沖聯儲局風險

筆者認為，在 2022 及其後數年的投資環境，聯儲局風險便是市場上最大的風險，軟著陸極為困難，筆者對單單以貨幣政策應對危局持有保留的意見，因為美國正面對：

- 勞動力不足，企業不得不增加工資，並轉移成本至消費者，推高物價；
- 供應鏈問題，貨櫃塞港、貨運不足、運費上升、貨物供應困難，而推高物價；
- 能源價格高漲，直接推高企業的營運成本及運費，推高物價。

現有貨幣政策只能應對勞動力不足 (需求端) 的問題，透過大幅加息令經濟降溫，減少人手招聘及貨品需求，達致自然失業，這是必要之惡。不過，貨幣政策無法針對剩下的兩組問題 (供應端)，這兩個結構性的問題只能透過拖延時間 (Buy Time) 來減低破壞力。

當意識到聯儲局風險時，其中一種應對便是投資具結構性問題的產業，對沖其風險，這也是筆者著重分析供應鏈問題及能源產業的理據。解鈴還須繫鈴人，兩者化解結構性問題的方法各自不同，而當困境解除時，便是投資者獲利離場的時機。

活在能源危機時

根據手上的資料，筆者相信供應鏈的問題會在步入 2023 年後慢慢解決：

- 新冠肺炎危機逐漸消退，不再封港，令全球碼頭回復有效運作。
- 新建貨櫃不斷建造，增加貨櫃供應。
- 新建貨櫃船於 2023 年落水，令全球運力上升。

這也是說第二個結構性問題很可能會在 2023 年後慢慢自行解決，而供應鏈問題的解決會增加貨物的供應及降低企業的成本，配合貨幣政策降低貨品需求及勞動力增加，應可有效緩解通脹。

所以，筆者認為，最大的難關仍是高漲的能源價格。在此書出版之時，筆者相信仍持有大量的能源類投資，這也是筆者在此分享投資能源資產心得的原意 (苦笑中)。

能源危機的前世今生

投資能源資產，必須談一點歷史。過去 10 年全世界享有廉價的能源，在於 2014 年前後美國的頁岩油技術有突破發展；其時美國石油業為了搶得先機，大幅舉債融資擴張增加產能，在頁岩油企大幅成長的動人故事下，股價一度被炒高，融資無往不利。

因為頁岩油的急速發展，美國由石油進口國轉為全球最主要的石油出口國之一（當時三大石油出口國為：中東產油國、俄羅斯、美國）。在投資環境急劇變化之下，中東產油國意識到頁岩油的赤裸裸威脅，當頁岩油技術進一步成熟後，其成本只會更低，時間站在美國那面。油價的議價權便會慢慢投入美國手中，當油價持續下降，便會令中東產油國的財政備受威脅，不止減低國際影響力，也直接威脅國本。所以，中東產油國決定先下手為強，決意利用生產成本極低的優勢大打價格戰，務求以本傷人，令美國頁岩油企流血而亡，而美國油企竟決定增產決戰到底，於是在需求不變供應大幅增加之下，國際石油價格急跌。

圖表 7.7 WTI 原油期貨價格 (1994-2022)

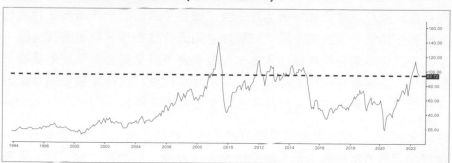

資料來源：Investing .com

因為國際油價意料不及的下跌，間接令國泰航空 (HK：293) 也無辜中箭，因為它錯誤地對沖油價，落得「因航」之名；另一層面則是惠及部分下游能源企業，低廉的原材料有助中華煤氣 (HK：003) 進入發展最快的年代，造就「煤氣投資法」。

後肺炎時代——投資邏輯洗牌

另一個轉振點便是 2020 年的全球新冠肺炎疫情。當全球封鎖，能源需求大幅下降之際，俄羅斯及產油國未能就產能達成共識，結果雙雙大幅增產，以求增加國庫收入，如是者弄出「負油價事件」（第三章〈債券的進攻與防守〉已提及）。

（暗黑手記：筆者個人認為，是俄羅斯及產油國趁需求大減，借「未能達成共識」順手增產，利用成本及體質優勢，冀一口氣幹掉美國的頁岩油行業，以絕後患。）

本來經過近 6 年的石油減價戰，生產及維護成本較高的頁岩油企近乎無利可圖，或只能邊流血邊做生意。為了續命，油公司發行眾多高票面息率債券，造成營運成本上升，結果油企陷入惡性循環，只能苦苦支撐，當然亦已不少油企已經關門大吉。而負油價事件更是壓死駱駝的最後一根稻草，大量油公司直接倒閉，即使是西方石油 (OXY) 這種石油巨企，亦需要停止股息、發行新股及高息債券，方能續命。

時間來到 2021 年，隨疫情漸漸消退，社會重回正軌：人們返回辦公室，卻發現汽油價格節節上升。能源價格的上升除了因為需求量回升，更多的是投資邏輯的改變。

能源行業是一個會衰退 (Decay) 的業務。每一塊油田有其有限藏量，當開採淨盡後便會報廢。所以為了維持現有業務，企業需要不斷投資新的

油田。在過去 6 年的石油減價戰中，美國油企輕則負債纍纍，重則破產，中東等產油國則需要賣油收益支持國家的福利開支，留給油企的資源不多，造成整個能源產業中的上游及中游產業，一直處於長期資本支出不足 (Underinvestment) 的局面。

主要油企 極難增產

對產油國而言，過往多年的減價戰令國家庫房承受巨大壓力，不少更出現連年巨額財政赤字 (油價低於財政平衡價)。而疫情之後，當初戰略目的總算達成。當下高油價對它們有利，不但能紓解財政壓力，提供社會福利予國民，也可加快產業轉型，減低對傳統能源的依賴。產油國沒有大幅增產的動機，只需按部就班，緩慢增產即可。

而事實上，即使他日產油國需要快速增產亦無能為力，因為長期的資本支出不足，導致 DUCs (Drilled but uncompleted wells，DUCs) 一直在下降。

而對美國油企而言，6 年以來的惡劣經營環境，完全改變了管理層的決定。在營運上它們一直賣血求生，不是已經破產，便是走在破產的路上。過去 6 年，能源股是所有板塊的包尾，股東回報極低 (可參考能源行業指數 XLE 跟大盤 SPY 之間的比較)，其營運方向由增長轉為回報股東 (From Growth to Return to Shareholders)。

圖 7.8　XLE 與 SPY 投入 10,000 美元的增長比較 (2014-2020)

資料來源：Portfolio Visualizer

(由石油減價戰直到 2020 年，如果你把 10,000 美元投進大盤，熬過疫情後，你會得到 $23,215，複合回報為 12.79%。但如果你把 10,000 投進石油行業指數，疫情後，你只剩下 5,610；複合回報為 -7.93%，可謂嚴重跑輸大市。)

換言之，美國油企正處於一個極難增產的處境：

- 負債纍纍，具有還債壓力。
- 油業工人因油企倒閉而轉行；工種欠穩定性，難以吸引有家室或是舊有員工重投該行業。
- 綠色能源是「未來方向」，傳統能源則「步入黃昏」，年青人鮮有投身。
- 全球瀰漫難以招聘的現象，各行業間均大幅增加工資搶人，令油企加重營運成本及增產風險。

- ESG 概念橫掃金融界，令油企融資困難，難以借貸作出投資增產；如要增產必須運用自身資金，進一步構成財政壓力。
- 石油增產需時，而高油價的環境不知道維持多久，如油價高企只是短期現象 (這是時下的共識)，油企往往在增產後便會遇上油價回落，大失預算，更可能血本無歸。

政局上，有別特朗普政府對傳統能源的支持，拜登政府認定傳統能源是明日黃花、決意打壓，如立即廢除前任政府的傳統能源友好政策，並支持綠色能源的發展。這間接打壓傳統能源的生存空間，屬政策風險。

油企「囚徒困境」引發「完美風暴」

所以，油公司正面對一個「囚徒困境」！

圖表 7.9　油企的「囚徒困境」

		油企 A	
		不增產	增產
油企 B	不增產	悶聲發大財，等油價回落	不確定，需以自身資金做投資增加開採，供應增加下會推低油價
	增產	不確定，需以自身資金做投資增加開採，供應增加下推低油價	油價大跌，雙輸的局面

「囚徒困境」的考量是：油企一起增產，是風險高、回報低的必敗之局；部分增產、部分不增產是「用風險換回報」之局；一起不增產，慢慢等油價回落，是風險低、回報高的必勝之局。

「大家一起不增產方是最佳方案。」

而當全球經濟逐步重開，能源需求有升無減，當供應量沒有增加，油價只會構成「完美風暴」持續上升，令油企安穩地進入暴利階段。當然，隨著俄烏戰爭的爆發，進一步推升油價，全球三大的能源出口國因為各種原因而難以增加供應。全球上游油企正式進入暴暴暴利的年代。

退一步說，即使油企要增加產能，亦需按部就班地投資，所以增產是有滯後性的，不是今天花了錢做投資，明天便會有收成。投資者只需留意活躍油井的數量轉變，便可得到產油量的走勢，然後根據活躍油井的數量下一步部署。

石油即使增產 貨也運不出

退後一步說，油企真增了產，總要找方法把石油運出去。石油及天然氣的運輸 (能源業的中游事業) 主要是管道或是船運，問題是：

- 管道的鋪設只需前期巨額的資金，後期的維護成本低，是一個建好油管後躺著收錢的生意。但是管道鋪設需時，遠水幫不了近火，而且工程往往破壞生態，易

遭反對。如果在建設途中面臨政黨轉換，便可能否決其建設，前期投資血本無歸，油管公司可能直接破產，令投資者面對巨大的政治風險（例子：Keystone XL)，後果是金融機構收緊融資，令運油事業更難發展。所以現有管道只會形成另類的天然壟斷，這也是 Enbridge (CA：ENB) 等企業的另類優勢。

- 船運則維修成本比較高，但較具彈性的選擇，但是運油船是十分專門的船種，過去油業長期不景氣，運油船的經營也十分慘淡，為了續命發行了眾多高息優先股 (GLOP 優先股系列)，沉重的固定支出一直透支其企業。在面對業務經營環境惡劣下，它們不但沒有多餘的船，更不會投資新船，構成潛在運力不足，即使油公司短期大幅增產也難以運出去。即使油船企業願意下訂單去建築新船，滿心歡喜等收船時卻會發現因全球供應鏈的問題，全球的造船公司收到大量的訂單做貨櫃船，直接把船廠產能全數吃掉，筆者推算貨櫃船將在 2023 年前後落水，加上建造時間，即是說 2024 年之前全球運油船的數量都難以增加。(連 ALIN，Altera Infrastructure LP，手中原定要報廢的運油船也簽了新約，間接顯示問題有多嚴重。)

能源價格的上升理所當然，而當中各方的考量，正正構成能源價格持續高企的現象。身為百姓，筆者認為，現在可能只是能源危機的開端；身為現金流投資者，應該聞到投資的機會，也聞到對沖聯儲局風險的可能途徑。

上中下游油企 何者受惠高油價？

當你發現能源價格的高企是結構性問題，只要困局不破難題持續之時，你自然為意到一些相當依賴能源的企業面對巨額成本上升的壓力，如果不能有效地控制成本或提升價格，便會馬上把毛利率吃掉，這對毛利率

較低的行業的打擊特別明顯，配合上加息周期對估值的衝擊，保守的投資者應沽掉這些企業，待財報出來才行動已經太遲。

備受能源價格高企衝擊之企業例子：

電商類： Amazon、京東、拼多多
物流類： UPS、FDX

未來能源價格的長期高企，會令投資邏輯發生根本改變，這是投資者需要注意的事。如果你手上的持股企業，能源佔了成本的相當百分比，而你無法預先判斷該公司成本控制能力及議價能力如燃料附加費，不妨先行減持，待財報公布後再次考慮入場，亦是可行方案。事實上，身處在一個高通脹、高能源價格的年代，敬請放下「發夢股」、「潛力股」。筆者認為，業務成熟、具強勁現金流的輕資產企業更具投資價值，而當中有高增長但價貴的企業固然可以考慮，但具穩定增長且便宜的企業更值得持有。

當今形勢，有別於 2020 年筆者於兵荒馬亂之際以債券進行投資，因為現時高油價處境，油企紛紛自保，每當債券一進入贖回日期 (Call Date，代表可贖回債券到期前發行者可以進行強制贖回的日期) 便會提早贖回，即使現剛進入加息周期，其債券仍有可能處於溢價，只要油企一旦提早贖回，便會對投資者造成無謂損失，所以，現時投資油企債券不是一個明智的選擇。

那如何選擇受惠於能源危機的能源業股票？我們先看看能源產業的分類：

- 上游產業：原油開採及探索
- 中游產業：經營管道運輸，原油由產地送至零售
- 下游產業：在零售層面販賣原油至消費者

中游產業：看量不看價

筆者昔日在油價低位時硬抄中游產業 (詳見第三章)，是看中其穩定性及必需性，因為中游產業往往跟交易對手簽訂長年期合約，然後跟從合約收費，這是當時的優點，同時也是現時的缺點。**油價上升並不會對中游產業帶來直接的經濟效益，對中游產業更為重要的是原油的運輸量。**

開採量的上升會間接令中游產業得益，但是一旦油價過高，反可能會摧毀需求 (Demand Destruction)，用戶對油的需求下降，令中游產業間接受損。

下游產業：受價者

而能源業的另一環的下游產業更令人無奈，**因為能源價格的上升會直接影響其原材料價格，進而營運成本急速上升。**如果下游產業無法及時控制原材料成本及按比例提升產品售價，企業只得硬食其急升的成本，獲得現金流能力便會急降，配合上升中的利率，直接推倒其估值及股價。這也是筆者不建議投資者買入中下游產業的中華煤氣 (SEHK：3)，或其他中國火電股的主因。

上游產業：銀紙打印機

筆者認為，有這個油價高企的年代，投資者應該把眼光投放於上游企業，那才滿載投資機會。鑑於早年的油價減價戰，負債纍纍的上游企業開始迎來久違的曙光。不過，由於政策不確定性，它們大多失去了以前不斷增產的「雄心壯志」，改為以回購股份、派發股息及特別股息，以回報股東，這是 External cash flow，同時構成資本性去槓桿及現金流去槓桿，正正是筆者的投資邏輯。

而符合下列眾多條件的上游油企，更具巨大的投資價值，讓時代的困境化為投資者的隊友：

一．收支平衡點：

鑑於開採技術及地區的不同，每間企業的收支平衡點 (Breakeven Point) 也不同。由於產品的高度同質化，石油定價在於市場當下供求，油企無法決定油價，而生產成本大多屬固定成本，當油價上升之時，其經營溢利率 (Operating Margin) 便會同時上升。所以，投資者首要找出收支平衡點低的油企，這些公司最能吃到油價上升的紅利，在油價下跌時也有足夠的安全邊際 (Margin of Safety)。

二．能源對沖合約：

在價格波動的商品市場中，對沖 (Hedging) 是常見的風險管理手段。鑑於高度波動的油價及融資需要，大部分油企會進行一部分的對沖，保證油價低時仍以約定的價格交易，減低因油價波動而造成損失。換言之，如果該油企早年在油價低位進行了對沖，鎖定了能源售價，便無從在油價高企的時代得益。

所以，在油價高企的當下，投資者要找出沒有進行油價對沖的上游油企，或舊有對沖合約快將到期而短期決定不對沖的公司。

三．企業體質：

從上述兩點，便可找出高油價下吃到紅利的油企，它們就像一部印鈔機，每日收到巨額現金流，而投資者下一步便要找出它們如何運用這些現金流。討論之前，先説一下企業的體質，即它們的負債。由於油企過往難以進行低息融資，所以或多或少也身負巨債。在回報股東之前，它們第一個動作必定是還債，當還債到某一程度後，方會回報股東。

企業的大幅還債，會直接提升企業的價值，即使尚未回報股東，其股價也會逐步提升，而當企業完成還債，開始回報股東，便是股價爆發之時。

四．回報方案：

投資者下一步，便是找出企業完成還債後的「回報方案」，也就是如何跟股東分享成果。鑑於早年的石油減價戰及近年的綠能發展，大多油企均由成長模式轉為回報股東，但這點務必從年報中核實，如果油企仍決定增產，則會存在不確定因素，投資者應再三考量。

而在回報股東上，普遍會採用派息及回購。股息直接給現金予股東，回購則是運用現金在市場買入股東，推升股價。由於兩者的實際效益不同，最理想應先進行股票回購，一邊在股價低位推高股價，一邊減低總股票數量，當回購到一定程度，股價升到合理位置時，企業才把現金轉為股息派予股東。

最後，石油是一個面對眾多不確性因素的行業，所以敬請投資者分散投資，不要集中只買一間企業，周期性企業的確爆發力十足，可向上爆升，也可向下爆跌。

再提醒投資者，當上文提及的結構性問題一一化解之際，便是離場之時。投資周期性企業，必須知所進退，其進場及離場的時機跟主流企業不同，當退出時機出現時，便要果斷退出，不然會出事。

有興趣的話，不妨細閱傳奇投資者 Peter Lynch 的 *One Up on Wall Street*，內有對周期股 (景氣循環股) 的心得，相信讀者會有一番領會。

炒賣原油價格　難度高

投資石油另一工具，是直接炒賣原油價格，Blog 中曾有谷友談及，但筆者卻對此工具持保留意見。

首先，炒賣者多會利用石油期貨指數 ETF，如 BNO (United States

Brent Oil Fund，LP) 等來追蹤油價，但須留意，只要是期貨指數便會有轉倉風險，轉倉風險輕則內損，重則各指數的反常操作 (如負油價事件時)，前後兩者也不適合長期持有。

其次，BNO 賭的是石油價格的波動。對於價格的波動，最佳的時間是趁其便宜時 (如 WTI 原油 ~ 於 50 美元左右) 大手買入，然後慢慢吃上油價的升幅。問題是大多數人也難以把握便宜時機入場，更多的是後知後覺，看到油價上升才行動，在油價上升至高位 (WTI 原油 ~ 於 100 美元左右) 之時，仍在捕捉短期內的價格升跌，這時價格上升空間不足，難以構成良好的風險回報比。

還有一種投資者是對標 1970 年代的石油危機，認為石油的價格會持續上升 4 至 5 倍，關於這一點需要眾多的「巧合」因素，筆者認為可能性不高。

筆者投資油股的邏輯，跟炒賣原油價格大為不同，因為買入上游油股企並不是賭油價會上升，而只是認定**油價長時間維持高企**。即是説：

- 當油價 >80，油企便是處於暴利；
- 當油價 >100，油企便是處於暴暴利；
- 當油價 >150，油企便是處於暴暴暴利。

按筆者手中的持股的收支平衡點 (20 至 45) 推算，即使説油價是大升、微升、不變、微跌投資者也可獲利，**現時筆者在手上的持股往往達到 20% 至 30% 的股票回購收益率 (Buyback Yield)，這個風險回報比更為吸引。**

放出戰略原油儲存量 乃無用之舉

拜登政府早前宣布每日放出 100 萬桶原油儲存量，100 萬桶的石油量看似巨大，但這是全球石油用量的百分之一，只屬短暫的權宜之計，供應量增加百分之一，心理效果遠較實際效果為高。昔日，因為肺炎令至石油價格大跌，特朗普政府為拯救市場而填充儲備，沒想到數年後成了拜登政府手中的一步棋。問題是原油儲存量有限，而國家必須保持 90 天的石油使用量，而在地緣政治風險升溫的當下，其石油儲備此戰略物資更值得增持。

退一步說，在市場放出的石油，只能在當下短暫地做成賣壓，他日國家仍需再補充原油儲備，就如做空市場後的回補買壓，而出自政府之手更是具象徵性意義，極可能錯手推高油價。如果在下一個危機到來前，尚未解決石油根本性供應問題，那麼問題只會進一步惡化。

優先考慮 美加能源

促成筆者在 Blog 及書中分享能源行業的想法，主因是俄烏大戰。俄羅斯史無前例地被制裁，令本來緊張的原油供應進一步失衡，造成能源價格不斷突破高位，衍生通脹失控，另一邊則是拜登政府對於能源問題的處理手法：

- 不以政策鼓勵美國油企增產；
- 打算對油企加徵暴利稅，表面打壓油價，實則是弄巧成拙的提議；
- 打算進行 NOPEC (No Oil Producing and Exporting Cartels Act) 提案，另一招弄巧成拙的提議；
- 運行外交手段，吸引委內端拉及伊朗重回石油市場，如果這兩個國家重回市場只會短時間內財力大增，引起另一波地緣政治風險。

筆者相信，拜登政府只會把危局弄得更為混亂，這可是得到前總統奧巴馬親身認證（苦笑）。而在 2022 年初夏這能源淡季，WTI 原油價也長期在 110 美元之上，筆者根本想像不到未來冬天的能源價格。

如無意外，能源短缺問題的化解，很可能按「年」為單位計算。筆者有一個猜想：或許這只是一個開始，我們有機會進入另一場能源危機，而這一個能源危機一個弄不好，便是衰退的開始。前文已提及，全球三大產油國因為種種原因難以增產，增產停滯，在面對持續上升的需求時，便會造成價格上升。

在法例及投資者的保障下，筆者一方面考慮的便是美國的上游油企，而另一方面則檢視第四大石油出口國的加拿大。有別於其他國家，石油一直是加拿大的重要經濟支柱，所以當地營商環境對傳統能源行業十分友善，當地油企亦願意持續增產來圖利。在油價高企的年代，當地油企亦處於有錢到水浸的地步。

有意的投資者可參考圖表 7.9 至 7.11，留意加拿大的三大油企——**Canadian Natural Resources Ltd.**、**Suncor Energy Inc.**、**Cenovus Energy Inc.**，全是表現不錯的投資標的，比美國大市指數 ETF —— SPY 的表現更好。

圖表 7.9

Canadian Natural Resources (CNQ) 股價 (2021-2022)

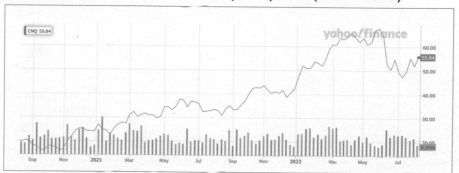

資料來源：YahooFinanceChart

圖表 7.10 Suncor Energy (SU) 股價 (2021-2022)

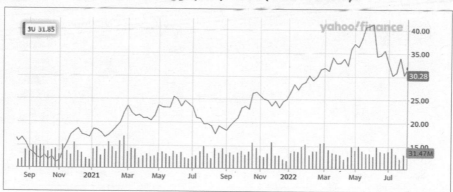

資料來源：YahooFinanceChart

圖表 7.11 Cenovus Energy (CVE) 股價 (2021-2022)

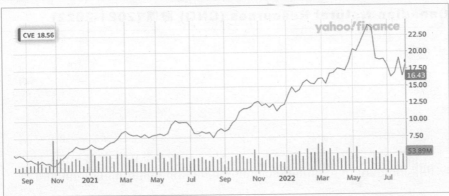

資料來源：YahooFinanceChart

圖表 7.12 SPDR S&P 500 ETF Trust (SPY) 股價 (2021-2022)

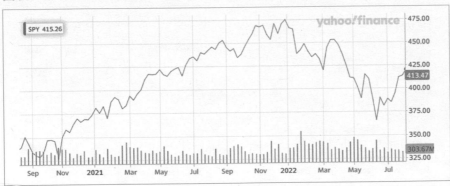

資料來源：YahooFinanceChart

第八章

利率
決定出手、轉手、收手

身為投資者，筆者經常考慮「現金流」、「通脹」、「利率」及「機會成本」。「現金流」及「通脹」可以選股法及組合配置應對，「機會成本」決定進步的空間，差一點也問題不大，唯獨「利率」是投資者控制不了的因素。正確一點說，利率在無形中影響資產的價值，投資者可按利率周期來決定資產配置。

- 對企業來說，利率是**資金成本**；
- 對金融公司來說，利率是**盈利空間**；
- 對於價值投資者來說，利率決定**估值**；
- 對於債券投資者來說，利率決定**套利空間**；
- 對於現金流投資者來說，利率決定**出手、起手、轉手及收手的時機**。

說得淺白點，「利率」對於企業來說是**資金成本**，利率的上升下跌，讓管理層決定是否改變資本結構、進行收購、拓展新部門，這對管理層是**質性的考慮**。例如，在 2020 至 21 年間正值零利率的時光，優秀的企業理應發低息新債來償還高息舊債，而沒有這樣做的話，基本上應對管理層質素評分打折扣。

「利率」對於價值投資者來說是**估值的計算**,傳統估值法中的「現金流折現」(Discounted Cash Flow) 主要考慮現金流、利率、時間三者的關係,這對投資者來是**量性的考慮**。

這也正正說明了,為什麼在 2020 年利率處於歷史低位時,發夢股 (Dream Stock) 會出現急升,一直領跑大市。而在 2021 年利率慢慢上升時,發夢股便會受到利率的引力,股價繼而「價值回歸」。筆者亦相信,在 2022 年及其後的加息周期中,這些發夢股的股價並不會像 2020 年般有好日子。

所以,對於思考拉闊點的價值投資者,單是利率便具有**質性**及**量性**的考慮。以上兩者不少書本皆有談及,倒是坊間甚少談及「利率」是如何影響現金流投資者的部署。

8.1 談演變——經濟學派與金融系統

投資對知識設有門檻,沒有一定知識的話,只會交上一筆又一筆的智商稅。談及動態現金流的部署之前,筆者先借機點出經濟學及投資相關的常見誤區。

經濟學研究人的行為,而人的思維模式會影響學術研究,當學術研究形成體系便會影響政府政策。然而,人的思維在不同時空背景下結出不同的果實,所以經濟學亦是一門不斷變遷的學科,研究的題目亦難以有絕對答案。

當投資者進入市場時,自然亦需要**明白時下的「思維」**。

每當市場下跌時,總會有一大票「投資專家」、「財經演員」跟大眾説:

- 熊市來了!
- 市場即會迷失 10 年!
- 日本式的經濟低迷 20 年!
- 即將重演美國「大蕭條」時代!

這些標題十分搶眼,但往往只是吸引目光的手段。投資跟現實密不可分,有因必有果,有果必有因,並不是人市上升便説是牛市,大市下跌便説是熊市。例如:先升後跌是否代表「假突破真跌市、大市睇住我來打」?又例如當今政經形勢,是否真的會重演美國「大蕭條」時代?這不是財演説了算,投資者一定要尋根究柢、獨立思考。

上世紀大蕭條的惡性循環

寫到這裡，筆者真想談談令人望而生畏的美國「大蕭條」(Great Depression) 時代。那次大蕭條，人們多聚焦華爾街股災，但眼光拉遠一點，便看到金融市場崩潰外，還有企業倒閉、失業率飆升、政府財赤，一步一步構成 20 世紀最大的經濟衰退。

大蕭條的遠因，早在第一次世界大戰已埋下伏線。戰後歐洲重創成了美國急速發展的契機，亦因經濟的急速增長，市民把手中的財富投進金融市場當中。歌舞昇平的 10 年中，人們忘了危機只記得享樂，投機者獲利不斷，成就金融市場的泡沫及不穩定性，泡沫就在聯儲局意識到危機漸漸失控並決定大幅增加貼現率及收緊流動性時被戳破，繼而波及實體市場。時任主席斯特朗 (Benjamin Strong) 卻在關鍵時刻英年早逝，最終釀成華爾街崩盤及後來的大蕭條，可謂第一次的聯儲局風險。那段歷史很有趣，讀者可自行發掘資料細看。筆者想指出的是，當時經濟學派的「思維」也十分精彩，也因為這些**「思維」，深化了「大蕭條」的破壞力及對後世的影響力。**

當時，泡沫被意外刺破後，眾多投資者財富受到重創，而投機者卻在高度槓桿下財富被直接清零，為他們提供貸款的公司，其財富亦同時被蒸發。在息率高企、財富清零之下構成惡劣的營商環境，進一步影響政府的收支平衡。然而，當時美國政府的施政根據古典經濟學，講求以不干預市場的機制，財政上按「量入為出」行事。如果政府出現財赤，便會設法減低赤字，

大蕭條時代，酒店大門寫「每晚 30 美分」。

最快的方法是增加稅收及減少開支。由於經濟的不景氣,稅收難以增加,唯有不斷減少政府開支,以達至收支平衡。

加上當時仍施行金本位制度,黃金即美元、美元即黃金。美國聯儲局沒有辦法開啟「印鈔機」。一旦聯儲局印鈔,老百姓就將美元換成黃金,令到黃金儲備下跌,為了維持黃金儲備,就不得不增加利率,進一步重擊經濟。當加息的前設不是應對經濟過熱、物價飛升時,無論向左走或是向右走,前路只有惡夢。所以當時美國聯儲局難以有效地救市。這問題早在一戰時已出現,當時歐洲國家為了籌集軍費,沽清在美國的投資,然後轉成黃金運回本國,痛擊了美國的股市及匯率,而這一次大蕭條是面對更嚴重的問題。

凱因斯學派橫空出現

在堅持金本位制度及跟從古典經濟學之下,結果是政府大幅減少公職及福利支出,引致大眾收入、花費減少,進一步打擊私人市場,私人企業逐步倒閉,引致薪俸稅及利得稅收大幅減少,結果政府赤字再增加。如是者政府進一步削減支出,造成惡性循環、無解之局。

直到英國經濟學家凱因斯 (Keynes) 橫空出現,他反對當時的古典經濟學的不干預市場機制,認為政府應主動運用財政政策與貨幣政策來刺激市場,間接促成美國 1933 年實施的羅斯福新政 (The New Deal),由於羅斯福總統採取積極的財政政策及貨幣政策,大大增加當時的收入、消費、投資、借貸,形成正面的循環,也因為這個經濟學思維的轉變,美國成功走出大蕭條。

歷史：吸收經驗的旅程

金融市場的波動或起伏，跟實體經濟密不可分，如果單從股價波動說故事，而不考慮宏觀的時空背景及施政方針，或忽視微觀的企業營運及估值，無疑離地萬尺。所以當大市下跌時，再有 KOL 跟你說即將重演美國「大蕭條」時代，你自然會心微笑。

單從經濟學角度而言，現今各國政府廣泛受凱因斯思想影響，強調使用財政政策與貨幣政策，必要時主動干預市場。老實說，只要政府不出奇招 (譬如 2021 年土耳其面對強勁通脹，其總統埃爾多安認為「加息是惡魔」，決意反其道而行減息，結果通脹一發不可收拾，里拉匯率暴跌，引發進口性通脹，又是另一惡性循環)，筆者認為再出現美國大蕭條的可能性不大。

時至今日，金融系統及經濟不斷演變，比如布雷頓森林體系的崩解、廣場協議的簽訂、量化寬鬆政策的推行、現化貨幣理論的興起、新冠疫情下無限量寬政策，這一一影響當下的投資環境，值得投資者細味。了解經濟學及歷史對投資極為重要，因為歷史是一再重複，現今政府施政是按以往經驗建構而成，只要明白其時空背景，便可提早佈局，盡得先機。而當今環球經濟極為奇特，有點 1970 年代的影子。

8.2 財政與貨幣政策
向左走向右走

面對經濟危局,政府手持兩大神器,一為財政政策,另一為貨幣政策。財政政策每每對特定行業提供支援或補貼,不少投資者跟著財策尋找投資機會,只是財策每次內容相異,投資者每次也要做一番功課,確是不適合筆者性格。

相比之下,貨幣政策每次的邏輯相若,比較容易理解。一般而言,筆者的投資亦由此佈局:

按以下的簡單邏輯,可了解貨幣政策及經濟循環:

圖表 8.1　貨幣政策及經濟循環

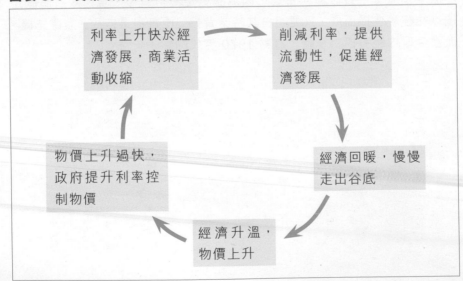

從圖表 8.1 就會明白貨幣政策的大致操作，每一次中央銀行的擴張及收縮手法會略有不同，跟當時的現實環境相關，但只要細心觀察便會發現萬變不離其宗。

筆者在此借用獨立調查公司 BCA research 在 2004 年發表一個挺有意思的「聯邦儲備局利率周期」(The Fed Funds Rate Cycle)，分為 4 個周期：

圖表 8.2　聯邦儲備局利率周期

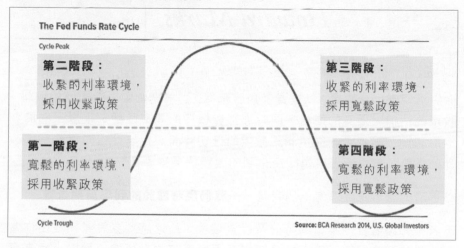

資料來源：BCA research

圖表 8.2 具體顯示聯邦儲備局利率的變化，利率周期中是有不同階段。在現實環境，這 4 個階段出現的時間是不均等的，每次也不一樣。投資者考量現時經濟所處位置及階段，便可得知現在要做什麼及下一步該做什麼。

利率是出手的依據：零利率的年代

筆者十分喜歡傳奇投資者霍華·馬克斯 (Howard Marks) 的一句話：「**你不能預測，只能作準備。**」

"You can't predict, you can prepare."

Howard Marks

從經濟學走回金融學，以投資者角度來看，利率變動會影響國債的回報、股票的估值、債券的價格，同時亦影響槓桿的效率及穩定程度。關於利率的周期，投資者無從預測其改變的確切時間，也無從預知每次利率改變的幅度，但投資者可為即將來到的改變提早預備。

心水清的讀者應會思考一個問題——**我們現時處於的利率周期位置。**

筆者不知讀者打開本書的時光及投資環境，所以請獨立思考，找出你當下理想的資產配置。而下文分享提及不同資產的投資價值轉變，讀者可回望筆者於自序寫下的投資故事，便可明白部分部署的理據。

本書下筆時間是 2021 年末至 2022 年上半年，在剛過去的兩年，由於新冠疫情爆發，全球經濟飽受衝擊，為防最壞情況出現，各國政府不約而同積極運用貨幣政策以刺激政濟，在「無限量化寬鬆」政策下，利率跌至近乎零的歷史低位，正是寬鬆利率環境，採用寬鬆政策 (即處於圖表 8.2 的第四周期)，那是一個流動性氾濫的年代。

在現實世界中，多得這些政策的及時性，配合一系列的租金寬免政策及現金補助，令中小企業渡過難關，盡可能保住就業職位。

而在投資世界中，由於利率近乎零，資金成本變得可以忽視的情況下：

對國債來說：

配置國債在於避險，由於利率跌至零，國債息率不太可能跌至負數，在債價沒有上升，只有下跌的前提下，國債失去大部分對沖作用。在該段時間其投資價值極低，其價格亦由 2020 年 3 月之高位拾級而下。

對公司債來說：

在 2020 年 3 月因流動性風險而債價面臨腰斬，但是由於債價跟利率呈反比關係，加上息率近乎零，出現可觀的套利空間，只要該公司未致受疫情嚴重影響，其債價極快回升，不少更升至溢價（Above Par）。

對股票來說：

- 由於利率跌至新低，對於現金流沒受重大打擊的公司來說，低利率暗示估值可大幅上升，導致股價跟升，當中以欠缺現金流但受惠於疫情的公司，在現金流及低利率兩層推動下成為勝利者。(如 US：Zoom、FSLY 等「超新星」)
- 而估值上升亦造就異常良好的上市定價，為一眾新公司首次公開發售 (IPO) 提供良機，以極高的定價上市仍廣為受歡迎。(如 US：PLTR、AI 等)

對於古典價值投資者來說，這兩年的金融市場可説是充滿泡沫。

筆者認為，古典價值投資者沒有考慮「利率」因素，如果把零利率一併考量，市場的確存在泡沫，但泡沫只存在於為數不多的板塊，大部分公司的股價上升是可以理解及合理的。

而對現金流投資者來說，那兩年正是美好時光，眾多資產價格「重新定價」，加上便宜的資金成本，息差一再擴大，資金的氾濫，正是極適合開槓桿的年代。

圖表 8.3 零利率是重新定價的年代

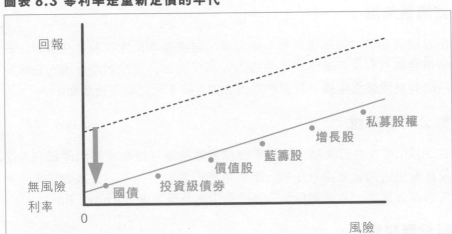

回報

私募股權
增長股
藍籌股
價值股
投資級債券
國債

無風險
利率

0

風險

資料來源：Oaktree Capital

無風險利率是資產定價的基石，如果無風險利率下降，其他資產的預期回報亦理應下降；當假設現金流回報不變，而無風險利率減少之下，在「資本化」的影響下，資產價格便會相應上升。

利率是轉手的依據：迎接加息周期

2020 年發生的新冠肺炎把全球經濟送進深切治療部，經過 2021 年的留院觀察後，經濟逐漸回暖，失業率持續下降，然後種種原因導致物價急升 (有別於 2008 的放水結果)，美國的消費物價指數 (Consumer Price Index，CPI) 更創下 40 年新高，全球正式進入高通脹時代。

對於美國聯儲局而言，這正是急需出手的時機。由於聯儲局依據經濟數據作出判斷，而經濟數據存在滯後性，所以聯儲局的動作也必定是滯後的。故此，投資者只需留意通脹及就業數據的變化，便可預知利率增加及流動性收緊必定會在 2022 年發生，所以投資者應在 2021 年已預早準備變陣，迎接未來高通脹及加息的投資環境 (筆者會於章節 8.5〈聯儲局風險〉詳論)。

美國聯儲局的主要目的，當中只會以貨幣政策來推動就業率、穩定物價及控制長期利率水平；股票指數的上升或下跌並不是影響聯儲局行事的因素，所以不要幻想股市下跌時，聯儲局會跑出來護盤。

可以預見的是，當就業率充足而通脹持續上升，聯儲局會增加短期利率來控制物價。如果把視野拉高，你會發現這是持續而不斷修止的過程，必會有不確定性。但在投資世界中，當利率處於增加的過程中，應引出數個暗示：

對國債來說：

利率從零開始回升，每一次加息後，國債的對沖能力會逐步回復，其投資價值慢慢增加。國債的價格不再是一面倒的下跌，有可能上升，而配置國債只是選項，不再必然。

對公司債券來說：

- 債券價格是一種對利率敏感的投資工具，其債價跟利率呈反比。當利率上升，資金成本便會上升，套利空間減少，債價會受壓，這情況對長年期或票面息率較低的債券特別明顯。
- 如需配置債券，應以短年期債券、高收益債券或浮息債券為主，其他投資評級債券及長年期債券會跌得很慘。

對股票來說：

- 股票的估值來自現金流、利率及時間三者所組成。由於無風險利率 (Risk free rate) 開始上升，假設其他參數 (現金流、風險溢價、時間) 不變，企業的估值自然會受壓。

- 如果考慮到加息的前設是當下經濟持續向好，大部分企業的營收持續改善，無論增長股或是穩定收益資產的產出現金流能力 (Cash Flow Generation) 亦會增加，只要確保公司有定價能力，其股價在短暫波動下，自會繼續向上。這也解釋了利息上升後，大市指數往往短暫波動後，然後突破向上，形成息率跟指數呈正比關係的表象。

- 但在之前兩年間上市的 IPO 公司則是完全另一回事，當中不少是按極高的價格上市，上市前後容易炒作一番。當利率上升，其估值將大幅受壓，加上公司上市時每每「化妝」，數個季度後便是落妝之時。

- 對一些受惠於疫情的公司，當疫情漸漸遠去，公司不再受惠，配合低息環境的遠去，如果公司未能在過去兩年間開展新業務，其股價便會拾級而下或打回原形 (例如：Zoom、TDOC)。

- 對於疫情其間總把「破壞性創新」掛在口邊的公司，每每現金流脆弱，很可能仍在燒錢階段，然而**燒錢不等於增長**，即使成功變現其現金流頻率 (Cash Flow Pattern) 亦在極後期才可收成，形成「破壞性創新公司」對利率極其敏感，在加息周期，它們大部分會進入價格的泥沼。(這也是筆者一直看淡「科技女股神」Cathie Wood 的表現。)

投資股票所需的門檻遠高於其他金融資產，估值是在時間、現金流及利率三者之間的華爾滋，過去兩年利率處於歷史低位，股票投資變得容易，造就一班「牛市股神」，「先回報、後風險」的激進投資方法令他們在超低利率時得到超額回報。但當利率正常化，股票投資的難度回復正常，他們便會無影無蹤。這正正突顯**選股**及**資產配置**的重要性。

值得慶幸的是，現任聯邦儲備局主席鮑威爾 (J.Powell) 對投資者十分友好，每一次 FOMC (Federal Open Market Committee，聯邦公開市場操作委員會) 會議後，也會清楚表達其觀點，清除市場不必要的不確定性。

利率正常化的投資部署

利率正常化是持續而不斷修正的過程，貨幣政策由寬鬆改成收緊的方向，目的為了在就業率充足下控制物價，達成長期的經濟增長。

由於貨幣政策的轉變，還原了經濟及地緣政治危機對市場的波動性，造就了市場調整 (Correction)，改變了各資產的風險回報比。當價格不再平穩向上，單以股票為槓桿對象會變得不可持續 (Non-sustainable)，所以當價值回歸後，投資者應賣出質素普通的資產，在進入加息周期前便主動減槓桿。

在企業層面，當進入加息周期，無風險利率持續上升，為填補風險回報比，新發行的票面息率需要增加以填補風險，這增加了企業資金成本，同一時間會吞食利潤，影響現金流的獲取，對重負債而管理平庸的企業特別明顯。而管理優秀的公司卻曉得在低息環境下重新發債，鎖定便宜的資金成本，無視加息對其影響，之後只會受惠於加息背後的良好營商環境，這優勢在於以資本額及資金成本為入場門檻的行業特別明顯，比如租賃行業。

在投資世界中，鑑於持續上升的利率，舊有的固定收益資產價格持續受壓，從而抽高收益率 (Current Yield)。如果投資者在加息周期初期仍持有債券，難免會過上一段捱打的時間，但只有債券持有到期，只要企業

不是破產，就必定會用票面值 (Par Value) 連本帶利贖回，這是投資債券保本的原則，所以其利益只會是短暫受影響。

換另一個方向考量，如果投資者在加息周期前清掉手中的債券，只要等待數次的加息，在加息周期的中期，待債價大幅下跌，才是買入公司債的良機。這時，投資者可放售部分股票，然後買入低於票面值 (Below Par) 的公司債券，當中以短債為主要目標，以降低風險，同時可利用息差持續套利，而票面價的差距在到期時亦會引來債價上升 (Capital Gain)，進一步加快去槓桿。

補充一點，有關利率上升中期，轉手買入債券，短債及長債也是合理的對象，只是**長債**的賣出邏輯會有所不同，須於長息周期完結之時轉手放售。鑑於長債對利率更為敏感，在轉手放售之時獲利雖高，但對於投資者掌握時機的要求亦較高，筆者不會建議普通投資者作這樣的操作。

槓桿原是為了加快累積資產的過程，要在有效控制風險下進行。所以槓桿不是一味進攻，該把去槓桿及風險控制加以考慮，而利率持續上升之時，正是投資者轉手之時。槓桿是為去槓桿此概念，筆者將於第九章詳論。

收緊政策下的收手部署

關於美國政府的收緊政策，市場總有不少雜音 (Noise)，持續干擾投資者的思考。譬如

2021 年末，不少的財經新聞報道：

- 「2021 年聯儲局收水、大幅加息，美股股價高企，美股會進入熊市。」
- 「如果把納斯達克指數最強的 5 間公司拿走，納指大部分公司是下跌的。」
- 「美股是披掛牛皮的熊市。」
- 「美股將會一跌不起。」

於 2022 年開端，有別以往單因需求方引發的經濟問題，由於疫情反覆、供應鏈問題、能源價格高漲、工資上調壓力，四者火上加油，加上疫情及供應鏈問題遲遲未能解決，聯儲局一改通脹是「暫時性」的說法，導致緊急進入收緊政策，所有人措手不及，市場反應必定猛烈。

Tapering、加息、縮表

收緊政策經常出現 3 個名詞「Tapering」、「加息」及「縮表」，筆者先簡單解說一下。只要理解到貨幣政策背後的思路，便可提早應對，同時靜待對手失誤的時機，只要找到機會便是再次出手的時機。

回望 2020 年因新冠肺炎爆發，經濟停頓，眾多企業可能因現金流斷裂而清盤，普通打工仔會失業，以致無力支付物業貸款。聯儲局決定救市，在市場購買國債及資產抵押證券，為市場注入巨額的流動性，令銀行得以貸款予公司及個人客戶。聯儲局購入國債的同時推低國債收益率，間接把利率減至近乎零。在近乎零的資金成本下，企業的生存能力得以保障，之後是在研究新冠疫苗跟救市中互搶時間。這次的量化寬鬆，令投資市場進入「表面零利率，實際負真實利率」的年代，加上流動性氾濫，投資難度跌至新低，造就一堆「牛市股神」。2021 年經濟從谷底慢慢回暖，物價卻急飆，物價本應在供應鏈問題紓緩及疫情消退之際回落，所以聯儲局當時相信那是「短暫性的通脹」，但事與願違，加上其他因素，亦間接推高物價。

由於物價持續上升，百姓生活質素下降，聯儲局迫不得已提早收拾殘局。首務是**慢慢減少定期注入市場的流動性**（下稱 Tapering），換言之，市場上的流動性仍在慢慢增加，只是**增幅正在減少**。2022 年聯儲局應持續 Tapering，並在未來的某一天停止向市場注入流動性。

如果經濟持續發展或是物價持續上升，聯儲局會慢慢提升借貸利率，令企業的資金成本上升，從而間接控制物價。隨著加息周期開始，零利率年代完結，金融市場重新面對**利率的引力**，天馬行空燒錢的計劃或是收益回報不穩的計劃會告吹，市場會面臨重大的修正。

傳統智慧當中，增加利率暗示經濟改善，或是過熱，以致要增加利率來控制物價，保障百姓的生活質素。如果有一天，經濟變得良好，企業營運強勁，為了貨幣市場的長期穩定，聯儲局便會在國債到期後不再重新發行，藉此把發出去的貨幣慢慢收回，市場的流動性會慢慢抽走，但如果經濟基本面良好，應不會對市場造成衝擊，這是**「縮減資產負債表」**，簡稱「縮表」 (Quantitative Tightening，QT) 的操作。

美國聯儲局需要在**「在對的時間，做對的動作」**。「Tapering」、「加

息」、「縮表」三者之間不是連在一起發生，三者動作也不是一步到位，而是**「互相獨立而關連」**。

「縮表」現身 槓桿盡量低

在「Tapering」、「加息」及「縮表」三部曲中，前兩者不可怕，可怕的是「縮表」這回事。「縮表」之下，流動性神不知鬼不覺地減少，在緩衝減少下，金融市場的波動及修正出現的機會率便會增加。而縮表是由於國債到期後不再重新投資 (Re-invest)，導致國債價格下格，長期利率拉升，令股市出現進一步估值壓縮 (Valuation Crash)。

所以當縮表落實之時，投資者必須預期入巿修止及重大修正的頻率更常地出現，市場先生重回本性，脾氣無理且難以理解，投資的難度慢慢增加。投資者應重視審視投資組合的質素，把次一等的投資物去掉，把槓桿放低一點，或待機換入債券以減低波動性及增加現金流。

時間是優質資產的朋友，在時間的加持下，資本性去槓桿及現金流去槓桿會令組合更完善。「去槓桿」是持續的動態過程，在攻守平衡的組合中，資本性去槓桿及現金流去槓桿同時運作，隨時間的流逝，資產**質素**有效地提升，資產**數量**有效地滾存，槓桿慢慢收縮，投資物逐步分散，令投資組合日益完善。

8.4 金融風暴的信號—— 利率倒掛

在整個加息周期中，借貸利率的上升會慢慢吃掉套利空間。息差不足，會令槓桿債券的風險回報比下降，令槓桿的條件漸漸解除，到時所有債券到期後便不宜再出手，應把保留購買力作備用，這是一種被動性去槓桿。**而當風暴的信號來臨之時，更要再次主動性去槓桿。槓桿與去槓桿是一項持續的過程。**

國債是一種無風險資產，是極其重要的避險資產，亦是所有風險資產計價的基石：

- 國債是一種避險資產；
- 債券的價格及收益率呈反比；
- 短期國債及長期國債是向同一方向移動，但幅度不一樣；
- 聯儲局能透過市場機制影響短期國債收益率。

而不同年期的國債有不同的息率，把當下不同年期的國債息率拼在一起，便得出國債的收益率曲線 (Yield Curve)，而這一曲線會因國債交易而不斷改變。

在正常情況下，長期國債的收益率應比短期國債的收益率更高，因為長期國債需要更高的回報以填補當中的風險，收益率曲線向上傾斜，當中的斜率代表不同國債之間的息差 (Yield Spread)，亦為正數。

國債收益率倒掛

當經濟繁榮時，短期國債息率及長期國債息率同時上升，長債息率的上升往往快於短債息率，利率曲線變得傾斜，形成息差擴闊，為傳統銀行業造就良好的經營環境。相反，當利率上升時，如果短期國債的利率上升得比長期國債快，利率曲線會變得平坦，即是息差收窄，這樣會壓縮傳統銀行業的經營環境，也會增加銀行借出貸款的機會成本。

上文提及，長短期國債會向同一方向移動，但由於兩者移動幅度不一樣，可能出現短期國債的利率持續上升，比長期國債更高，即是長期國債比短期國債的收益率更低，收益率曲線向下傾斜，長短國債間的息差為負，這現象名為收益率倒掛 (Inverted Yield Curve)。

圖表 8.4　正常 vs 倒掛的國債收益率曲線

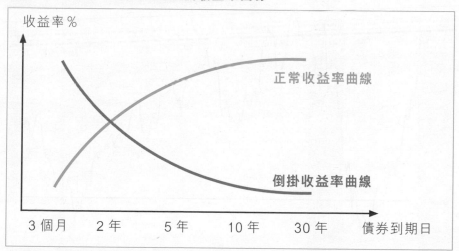

資料來源：*Analysing and Interpreting the Yield Curve*，Moorad Choudhry 著

收益率倒掛是罕見現象，觀察時多比較以下兩組曲線：

- 10 年期國債息率減去兩年期國債息率 (10Y-2Y)
- 10 年期國債息率減去 3 個月國債息率 (10Y-3M)

財金界的傳統認知中，每次出現收益率倒掛，都是經濟衰退的信號。具體而言，每一次出現收益率倒掛不久後 (6 個月至 24 個月)，金融市場便會迎來重大股災：

- 2007 年發生金融海嘯
- 2020 年發生全球肺炎

圖表 8.5 10 年期國債息率減去 3 個月國債息率 (10Y-3M)

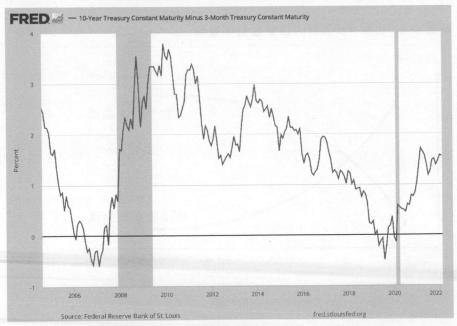

資料來源：Federal Reserve Bank of St. Louis

收益率倒掛的原因

收益率倒掛形成的原因，眾説紛紜，筆者相信其中兩個解釋較為合理：

一 . 泡沫的浮現

當機構投資者發現金融市場出現泡沫，便會放售股票轉而買入更安全的國債來避險。因為機構短時間內大量買入，導致長期國債價格上升，收益率下跌，在短期國債息率不變之下，形成收益率倒掛。

當機構投資者在股市的離場，導致零售投資者在市場中扮演更重要的角色，形成更深的「散戶風險」。他們追求短期回報，追漲殺跌，股市波動性大增，但散戶持貨力不足，當泡沫被戳破時，他們首先認輸，進一步推低股價，配合程式交易，形成「死亡漩渦」。

二 . 流動性的流逝

國債是所有風險資產計價的基石，其息率亦是傳統銀行業及信貸市場借貸時的重要參考。息差擴闊有利金融業，方便套利，當收益曲線變得平坦，影響其風險回報比，金融機構會減少借貸。息差負數時，極妨礙借貸活動，當銀行減少借貸，市場流動性慢慢減少，面對金融市場波動的緩衝會磨掉。市場一旦有負面消息浮現，衝擊投資者情緒，而市場欠缺流動性時，股災極可能會發生。

不是因果，而是關連性

嚴格一點説，利率倒掛跟經濟衰退，**兩者有關連性 (Correlation)，卻不是因果關係**。利率倒掛不會引起經濟衰退，但經濟衰退前夕會出現利率倒掛。

問題是當下美國政府濫用貨幣政策，**部分激進的手段可能引致短暫的利率倒掛**，譬如 2019 年實行扭曲操作，及 2022 年急速加息收水。由於

聯儲局激進的加息手法，令短期國債息率快速上升，而市場對長期國債息率的反應較慢所致。

對於運用哪組數據來衡量利率倒掛的情況，沒有一本通書睇到老，筆者傾向把兩者同時納入考慮，並同考慮**倒掛的持續性**及**當下的經濟發展**。

若遠期債息 (10Y-5Y) 持續出現倒掛，筆者建議投資者重思逃生路線、重新審視持股。如果倒掛的情況慢慢燒至警界線，10Y-2Y 也倒掛之時，則必須快速把當下的槓桿減低。而當 10Y-3M 也發生倒掛之時，便應立即把槓桿完全去掉，靜心等待股災來臨。

當然，若你是保守投資者，可考慮當 10Y-2Y 倒掛之時，即把槓桿完全去掉，只有在完成去槓桿之下，方可立於不敗之地。

每當風暴時 如何抉擇？

根據歷史，每次的利率倒掛也預示經濟衰退，極可能發生股市崩盤。然而，股市的長期上升，令散戶投資者忘掉之前跌市的傷痛。

風暴來臨前夕，必然是強弱手互換，持貨能力較高的機構投資者提早轉入國債避險，而散戶在市場中佔更大的比例。大市實際表現氣氛高漲，投資者每每錄得不錯的回報，坊間亦會出現大量的「少年股神」、「師奶股聖」，也就是坊間所說的「牛市三期」。

在談及應對之前，讀者不妨撫心自問，當牛市重臨時，你會如何選擇：

- A. 有智慧不如趁勢
- B. 以小撐大，槓桿槓桿再槓桿
- C. 贏谷輸縮
- D. 崩盤將至，現金為王

選項 A 及 C 屬於技術分析的招數，筆者無意學習，也不認為自己能預判市場的短期走勢。選項 B 在牛市中持續增加槓桿，就像明知前方一百米是懸崖，仍把油門開盡，一不小心便會車毀人亡。選項 D 是一直持有現金，問題是投資者無從得知何時出現大跌市，由泡沫出現到刺穿，每每會滯後相當時間，按歷史數據介乎 6 個月至 24 個月之間，持有現金固然是保本，但亦要付出機會成本，變相放棄那段期間的收益。更重要的是，單單持有現金，投資者慢慢遠離市場，對金融市場的認知變得陌生，抄底時容易做出錯誤的判斷。

坦然面對風暴 Stay Invest

傳奇投資者彼得林奇 (Peter Lynch) 說過：「因為踏空所造成的損失，遠比投資者在跌市時所造成的損失更多。」筆者深深認同此觀點，所以自己面對風暴是「保持投資」(Stay Invest)，清倉踏空從來不是好選擇，持續投資才可以令投資者熟悉市場，是除笨有精的做法。

"Far more money has been lost by investors trying to anticipate corrections, than lost in the corrections themselves."

Peter Lynch

日光之下無新事，「股市進入永恆的高原」永不存在。脫離基本面，大市必會價值回歸。筆者從不會運用「牛熊理論」去部署投資，因為牛熊理論是「倒後鏡」，如果閣下沒有上帝視覺，只能在事後判斷大市屬牛熊多少期，於思考上無從得益。

出現利率倒掛後，衰退的問題已經浮現，泡沫的爆破只待催化劑的出現。這段時間的長短及形式，我們無從得知。試試回想：

- 2007 年的風眼是金融及房地產；
- 2020 年的風眼是石油、旅遊業、航空業、零售業。

只有在風暴真正到來時，投資者方明這次風眼所在，投資者只要平日分散風險，風暴到來時逃離風眼，便可把損失大大減低。

8.5 聯儲局風險

聯儲局主要職責在於控制物價及就業情況，在 2020 年美國有機會陷入大衰退之際，聯儲局推行「無限量量化寬鬆」及時救市，聯儲局主席鮑威爾成為人民英雄，把經濟從懸涯邊拉了回來，亦間接促成之後兩年的美股熱況。

成也聯儲局 敗也聯儲局

但是聯儲局的決策要依據就業數據及通脹指標，表示聯儲局是依靠滯後性數據來做預判及決策，所以其決策必定存在滯後性的風險，而這正是**「聯儲局風險」**。

這種風險就像是你的 P 牌朋友去到一個陌生的停車場泊車，他一邊望向倒後鏡，一邊調整軚盤方向，還要致電給你，向你請教如何泊車！而你只能憑經驗判斷並提供指示，還要祈禱朋友不要弄錯方向及油門力度。

「聯儲局風險」一直存在，而回看歷史，聯儲局也的確不斷犯錯。譬如說在 1972 年醞釀石油危機，由於政局問題，石油輸出國決定石油禁運，造成石油價格急升，間接拉動物價上漲，通脹更一度達至 7%，但時任聯儲局主席錯失先機，令市場充斥嚴重的通脹預期，所以通脹歷年居高不下。直到 1980 年，新任聯儲局主席伏克爾 (Paul Volcker) 大幅增加利率來控制物價，**其時利率一度達 20% 的歷史高位，結果是解決了通**

服，但美國卻陷入了嚴重衰退，當時美市指數橫行了相當長時間。一如
《流氓醫生》中梁朝偉所言：「手術成功，不過病人死了。」

這是一次特別的周期

有別之前的系統性風險，2020 年開始的利率周期由疫情所引起，這是
歷史上從來未出現過的，以往多是需求端的問題，今是供應端及需求端
的雙重問題，歷史中極為罕見，聯儲局也只能摸著石頭過河，「軟著陸」
極難。

然而，歷史總是驚人地相似。2021 年疫情仍反覆，本來的能源政策錯
配、供應鏈管理等結構性問題更加難以解決，聯儲局主席一度誤判通脹
是暫時性，以致錯失先機，遲遲未有停止量寬（QE）及進行加息。但
禍不單行，當僱員長期在家工作、家庭持續收到補貼、疫情令病者死去，
構成勞動力不足，企業不得不持續增高工資。營運成本的增加勢必轉嫁
消費者，再巧遇俄烏戰爭的爆發，更將通脹問題推上新高。

早於聯儲局於 2021 年末已表示，**會按更快速度進行加息及縮表，用以
壓制通脹，這是一個正確方向，也是一個錯誤方向。**

原因在於，現時市場同時面對供應端及需求端的問題，加息只能解決需
求端的問題，傳統的經濟問題也多是需求端的問題，但當下更是供應
端（能源及供應鏈）的結構性問題，無論如何加息，只要兩大結構性問
題未有解決，便無法根治。即是說，加息並不可完全解決眼前特別的通
脹，筆者擔心當局無視其他因素，如是，加息步伐很可能快於經濟增長
步伐，引發經濟衰退。

當然，筆者沒有上帝視角，無法得知未來局勢如何開展，只能作兩手準備：

- 如問題在一兩年內解決，息率的上升會放緩，投資者將有更多時間部署；
- 如問題在數年內皆無法解決，息率可能極快上升，構成短暫的利率周期。

請你記住，聯儲局的成績單內只有物價指數及就業率，雖然他們並不希望造成股市下跌，但標準普爾指數如何表現，可不是其 KPI。

所以，身為投資者，你須明白利率增加是必然的，你問問自己有沒有為加息做好準備？如利率增加過快，必定影響公司獲取現金流能力及估值，更會波及其他金融資產的計價，繼而影響投資組合的穩定性，你有沒有為這個潛在危局作出調整：

- 股債比例如何？
- 企業的護城河？
- 企業於高通脹下的定價能力？
- 利率對企業的估值的衝擊？
- 槓桿的操作如何？

由選股考慮、資產配置、槓桿操作、後備方案，以上每一點也值得投資者仔細思量。

第八章　利率　決定出手、轉手、收手

傳統銀行業 不一定受惠於加息

2021年尾，可說是處於「加息周期」的起點。傳統智慧是「加息買銀行股」，筆者卻對此持有保留意見。

銀行業要分為傳統銀行及投資銀行。傳統銀行以利息收入為主，而投資銀行則獲取非利息收入（如協助公司搞上市或併購之顧問費）。所以「加息買銀行股」其實是指買入傳統銀行。不過，傳統銀行真正受惠的是**息差擴闊**，換言之，長期利率及短期利率之間的息差要拉闊，即是「Yield Curve 變斜」，傳統銀行的獲利方可增加。

在「加息周期」當中，長期利率及短期利率處於**「浮動」**，形成3個可能：

1. 短期利率上升，長期利率下跌，息差收窄；
2. 短期利率及長期利率持相同比例改變，息差不變；
3. 短期利率下降，長期利率上升，息差擴闊。

而只有第3種情況，才可以真正改善傳統銀行的盈利空間，即是說，投資傳統銀行並不是受惠於「加息」，而只是受惠於「息差將會擴闊」。所以傳統銀行在「加息周期」的投資價值不一定增加，當息差不變，傳統銀行不會受惠，而當息差收窄時，傳統銀行更可能交出一份差勁的成績表。仔細一點分析，加息周期還可細分為前期、中期、後期，加息往往建基於經濟增長的開端，所以利率曲線在前期會變得傾斜，但是當進入中期或後期則可能變得不一樣。

明白這點，就會知道傳統銀行業極受外在環境因素影響，是一種周期股，這的確與大眾的認知有點不同，加上分析傳統銀行財務報表的難度極高、外在環境導致壞帳率增加的可能性、高槓桿的營運本質，以及日益複雜的監管條例，故筆者認為，銀行業是進攻性行業，而不是防守性行業。問題是，在息差微薄的當下，配上競爭激烈的營商環境（試想一下，

你這個月收到多少次銀行致電推銷借貸）。投資具機會成本，當尋找進攻性行業時，為甚麼要找上銀行業呢？即使你看好受惠於息差之間的生意，比起銀行仍有不少風險回報比更佳的行業，傳統銀行業從來不是筆者杯茶。

8.6 香港——外向型經濟體的風險

正當西方國家決定加息以解決通脹，香港仍飽受疫情所困。作為一個外向型經濟體，香港一直易受外在經濟環境所影響。在撰寫本書的當下，香港仍未與中國或國際重新開放，加上曾連串的防疫措施，香港的經濟距離復蘇仍有一段距離。

圖表 8.6 三元悖論 (Impossible Trinity)

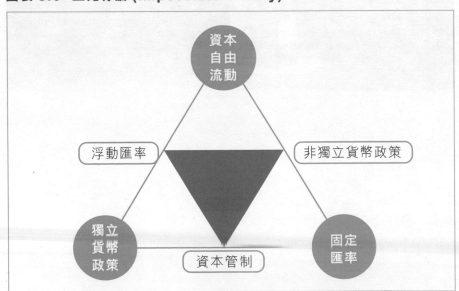

資本自由流動

浮動匯率

非獨立貨幣政策

獨立貨幣政策

資本管制

固定匯率

根據貨幣政策的運作，大幅減息、量化寬鬆可以拯救經濟，但由於香港現時實行聯繫匯率，在 Impossible Trinity 中選擇了資本自由流動及固定匯率，其代價則為貨幣政策的非獨立性，亦解釋了香港不能夠「印銀紙」去拯救經濟。

難解之局

筆者擔心香港正處於難解之局，有數個原因：

一 現時疫情困港，經濟活動大幅減少，就業職位下降；

二 香港股市仍是全球最差勁的市場之一；

三 香港日常物資依靠入口，當全世界面對通脹，香港必然有輸入性通脹。

財政司長陳茂波在《財政預算案 2022》中亦提及，香港 2022 年第一季 GDP 不容樂觀。如果投資者把眼光放遠一點，情況更不容樂觀，因為美國已進入加息周期，為了打擊通脹，會用極快速度增加利率。現時兩地息差尚有一定空間，香港暫不用加息，故初期影響尚不明顯。但問題是，萬一美國數次加息後，息口明顯高於本港，香港息口必會被動跟隨。如果當時香港尚未走出經濟低谷，會迎面受到利率抽升的痛擊，有可能構成滯脹。而息口上升之下，供樓一族的負擔便會增加，配合移民潮當下的賣壓，定會對房地產市場構成壓力。

而如果聯儲局持續無法解決通脹，則會繼續加息，這有可能導致香港出現以下可怕現象：高利率、高失業率、高通脹、低增長！

第九章

「槓桿」前
要想「去槓桿」

「槓桿做得好，是上天堂的工具；槓桿做不好，是下地獄的工具。」

槓桿是雙面刃，投資者有效的利用槓桿，能夠加快資產累積過程，反之亦然。本書的自序，記錄自 2019 年之後 3 年間，筆者的思考及槓桿操作，希望令讀者有所啟發，從而化危為機。每一次跌市都是強弱者交手、財富大轉移之時，只要操作得宜便是人生轉捩點。

 **以槓桿加快累積資產**

近年很多人提及「財務自由」——毋須為生活開銷而努力「為錢工作」，即是你的資產產生的被動收入已超過你的日常開支；加上通脹的考慮，你的被動收入還應該穩定地增長。這是大多數凡人渴望達到的境界，如果已經「財務自由」，我們就不用為日常帳單而煩惱，只做自己喜歡的事，或是半退休，或是打份風流工。

假設人一生 80 歲壽命，花費 22 年時間學習，之後工作至 65 歲退休。當中一共 43 年，即是說人一生花了一半以上的時間於工作上。如果不幸 65 歲後沒有足夠的退休金，又或仍須承擔家庭責任，生活更是艱苦。

對筆者來說，人生有兩種困苦，一種是不知道人生目的，另一種卻是知道人生目的，但因現實考量而無法達成。無疑，從事自己喜歡的工作是一份樂趣，也有滿足感。但如果你從事一份自己不享受的工作，或是毫無滿足感可言，你當然要提早為財務自由作準備，以贖回自己的時間。

槓桿無處不在

但如果單靠儲蓄及投資，往往需時 20 年以上才可達至「財務自由」，加上學習需時及「學費」高昂，對一般人來說，大約要到 50 多歲方可到達此目標，那只是提早 10 年贖回人生。為了更快達到「財務自由」，早一點贖回人生，運用槓桿是必須的，也是必然的。事實上，生活中存在槓桿，生活中也不能沒有槓桿，只是大部分人並沒有為意槓桿的存在。

- 一張僱傭合約就是僱主付出金錢，槓桿了僱員的知識及時間。
- 一張樓宇買賣就是買家付出首期，槓桿了銀行中的資金。

人生無處不槓桿，只怕他人用槓桿，而你不用槓桿。

問題是，槓桿是有槓桿的法則，正如人間常言，槓桿是一柄雙刃劍，一般投資者在舞劍前，定必凝神靜聽舞劍的法門。槓桿正是如此，如果沒有任何心法，劍只會斬到自身。

正如投資者買樓時總會思考樓宇的配套、交通及校區的事宜；正如企業管理層不會無止境地招聘，對於招聘總會有預算，總會對招聘者有明確的要求。

槓桿是一項計劃，是為了達到目的的手段。如果槓桿只考慮回報，不考慮風險，無疑是投機。在考慮回報前，應先考慮風險，即採取**「先風險後回報」**的思考模式。在槓桿增加的同時，風險會以更快的速度增加，在長期槓桿之下，風險管理的能力只會日益重要，所以問題是「如何槓桿」及「如何去槓桿」。

在證券槓桿上，更掛起一把「斬倉風險」的利刃，只會槓桿的人財富每每大起大落，只要遇上黑天鵝，轉身不及，利刃便會從天而降，輕則獲利清零、重回起點，重則承受永久損失。

唯有懂得槓桿及去槓桿的人，將風險管理記在心中，槓桿前便預備好去槓桿，平日不斷減低承受的風險，方能渡過難關，並利用逆風加快資產的累積。如果同時把「槓桿」及「複利」，放進你的組合，「財務自由」自然指日可待。

槓桿從來也是一門藝術，也是財商的另一重體現。

9.2 現金流去槓桿 vs 資本性去槓桿

關於槓桿的文章有不少，比如 Starman 的《現金流為王》系列及風中追風的《懶系投資法》系列，當中談及投資工具、投資平台、槓桿計算、投資心法，那些也是值得一再細閱的書籍。

筆者想在此強調，投資是很個人的事情，每個投資者的目標、知識、風險胃納不同，你的性格更會左右你的投資法，只有充分理解適合自身的投資法，方會走得更遠。而當投資者進行槓桿投資時，需考慮更多的事項：如何開槓桿、如何收槓桿、最多可開多少槓桿、該考慮甚麼投資物作槓桿，你出手前便需好好預備。

以槓桿倍數計一計

每當市場下跌，便會是強弱交手，財富轉移之時，這是價值投資者出手的好時機。而合理地運用槓桿更可有效地放大戰果，筆者倒是想跟大家計一計數。由於每個投資者的 Maximum Drawdown，MDD 及 Minimum Maintain，MM 也不同，所以筆者只會以槓桿倍數方便計算：

第 1 回合　無槓桿

假設：

- 手上資金只有 100，買了 100 貨。
- A 計劃：買入年息 10% 的貨，假設沒有資本增值 (Capital Gain)
- B 計劃：買入一年後資本增值 10% 的貨

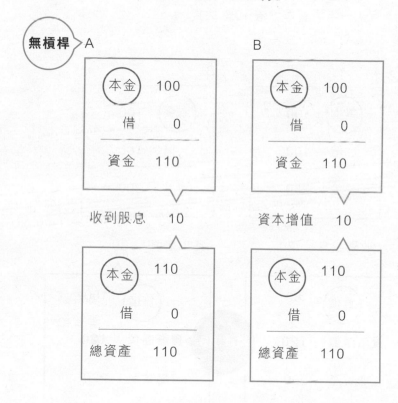

結論：打和

第 2 回合　運用槓桿 打出兩倍槓桿

假設：

- 手上資金只有 100，買了 200 貨，即是欠了盈透證券 (Interactive Broker，IB) 100
- A 計劃：買入年息 10% 的貨，假設沒有資本增值
- B 計劃：買入一年後資本增值 10% 的貨

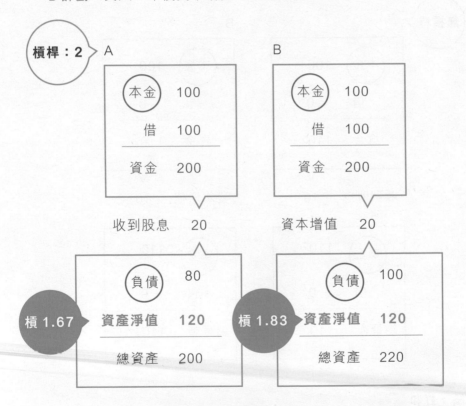

槓桿：2

A

本金	100
借	100
資金	200

收到股息　20

槓 1.67

負債	80
資產淨值	120
總資產	200

B

本金	100
借	100
資金	200

資本增值　20

槓 1.83

負債	100
資產淨值	120
總資產	220

結論：兩者得到同一個資產淨值（NAV），但是 A 計劃的槓桿水平較低，所以 A 計劃比 B 計劃更佳

説到這裡，相信會有人提出跌市當然買「跌得殘，反彈勁」的貨。好吧，我們一下回合便按這個計算。

第 3 回合　開拳用槓桿資本增值更高

假設：

- 手上資金只有 100，買了 200 貨，即是欠了 IB 平台 100
- A 計劃：買入年息 10% 的貨，假設沒有資本增值 (Capital Gain)
- B 計劃：買入一年後資本增值 20% 的貨

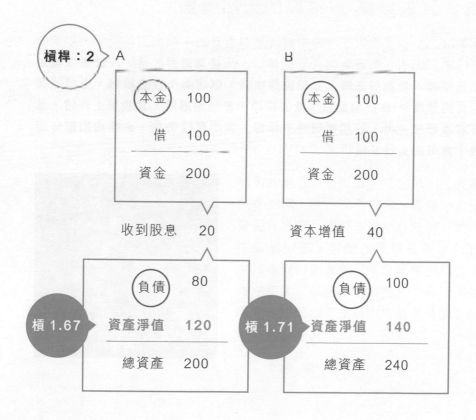

當資本增值上升至20%，引來40的回報；B計劃的淨資產比A計劃高，但槓桿仍比A計劃高，相對更危險

結論：風險換回報，抵唔抵，自己想想。

從槓桿方向來說，兩者的打和位（Break Even）為年息10%VS資本增值25%。

現金流去槓桿 對槓桿的天然優勢

只是以上計算是簡化了，當中沒計算利息支出、現金流再投資，如果考慮這兩個因素，戰況會向A計劃傾斜。**而最為重要的是，A計劃以現金流去槓桿，收到股息時，立即減除債務，形成永久性去槓桿，直接減低組合的風險；B計劃是資本性去槓桿，是透過選股，當股價上升時，造成資產淨值上升，形成暫時性去槓桿，當中風險仍在，必須賣出部分持股，方可永久性去槓桿。**

事實上，現金流投資物往往在風波後慢慢重回原價，錄得不俗升幅，形成價息兩收，可快速地作去槓桿。現金流投資對於槓桿具有天然優勢，在地緣政治不安及經濟動盪下，現金流投資者的生存機率會大大提高。這也是筆者手中的防守成員比進攻成員更多的其中一個原因。

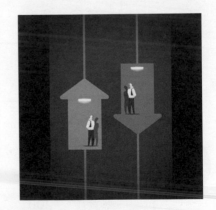

投資組合的足夠緩衝

另外,在風險控制議題上,投資面對眾多種類的風險,常見的有:企業特有風險/ 系統性風險/ 利率風險/ 匯率風險。透過分散投資,能有效分散企業特有風險,透過資產配置,利用各類資產間的相互關係,能有效壓低系統性風險,這也是全天候投資法 (All-Weather) 的獨特之處,但是系統性風險難以完全化解,所以筆者忠告各位,槓桿從來也不要開盡,作為緩衝之用。

如果組合中沒有足夠緩衝,一個浪撲來,便可能把組合打散。如果你的投資組合已中途斬倉,那即使日後道指升 10 倍,對你也沒任何意義。這也是單靠資本性去槓桿的劣勢,當意外發生時,轉身必須及時。

或許有人說,只要在開始跌市時賣貨,然後中途抄回,便可化險為夷。這是「估市」(Time the Market) 的行為,只是我們沒有上帝視覺,無法知道這個浪甚麼時候來到,當股價下跌時,到底是進入調整還是進入熊市,也只有倒後看方知道。我認為,預測股市的短期氣氛實在是浪費時間。

「進取」和「不進取」只是一線之間。你的「不進取」很可能會拯救了你一命,讓你在突如其來的跌市中生存,並可以持續投資。在現金流投資中,組合中的資產配置、風險分散、槓桿運用,都是值得研究的題目,現金流也是心法為主導的投資法。

 **額外的槓桿條件**

槓桿從來不是問題，問題是投資者只知道槓桿，而不知去槓桿，猶如行軍打仗只知進場，而不知退場。這在風和日麗時沒有問題，會獲得超額利潤，但形勢一變，往往難以全身而退。槓桿猶如界王拳，如果只知開拳而不知收拳，這樣一直打下去，終有一天會慘死。而如何槓桿，及如何去槓桿便是「投資系統」的議題。

再提醒一次：槓桿把回報及風險同時放大，在高槓桿中，風險會不成比例地上升，所以槓桿中最難之處是風險的處理。升市時，投資者不會察覺風險的重要性，風險的重要性只在跌市時方顯現。

關於槓桿的運用，知名投資者 Starman 提出三大「槓桿條件」：有足夠的利差/ 穩定的息差/ 穩定的價格；三個條件對應不同的投資目的：

* 足夠的利差，令套息有利可圖，也形成充足的緩衝；
* 借貸利率不會突然抽高，令套息持續運作；
* 工具資產及核心價資產之間穩定的價格，如價格不穩會面對斬倉風險。

筆者操作槓桿時的額外條件：

工具資產及核心資產具備高倉值

高倉值足以提升容錯空間，即使操作失利仍可減少永久損失的機會。

2 高而穩定的組合現金流

透過工具資產及核心資產的互補，提升現金流時，增加回報，分散風險。

3 系統化的「去槓桿」的操作

去槓桿分為「資本性去槓桿」及「現金流去槓桿」，兩者由防守及進攻組合構成，共按系統化操作兩者。

4 核心資產須具防守性及增長性

- 投資的主題為「有效地存資產」，而槓桿是加快「存資產」過程。
- 在存資產之初，必先考量 「核心資產」的投資價值。 核心資產應為具防守性的資產 (REIT／ 公用股／ 半公用股／ 壟斷性資產)
- 進一步的選股時，當資產同時具增長性，會自然地增加現金流，也會因資產「資本化」，進一步產出「資本性去槓桿」，為你提供容錯空間。 所以核心資產可具備「資本性去槓桿」及「現金流去槓桿」。

5 組合上充足的 MDD

Maximum Drawdown (MDD) 是 你 最 大 容 錯 空 間。Howard Marks 曾說：最壞的投資，是「在最壞時刻被迫沽貨」。而最好的投資，則是在其他人「在最壞時刻被迫沽貨」時入場。而一個有效的組合，MDD 理應慢慢上升。

6 股市崩盤時的逃生方案

- 預先計劃股災的逃生方案：逃生的先後、額外資金、死亡名單等等。
- 即使你真的很不幸，在最壞時刻被迫沽貨，但如果在混亂時世下，你的逃生方案會令你生存下來。當你還生存，就可回到進攻的回合。
- 筆者於 2020 年 3 月逃出生天，也是依靠當時的逃生方案，然後反攻

黃金數字大誤解?

不少運用槓桿的投資者也有一個「黃金數字」,多少槓桿是安全,多少槓桿是危險。

舉例說 1.4 槓桿,如果組合低於 1.4 槓桿就是安全。於是便買貨買到 1.4 倍,這其實是一個誤解。而在日常與朋友交流中,筆者也發現「黃金數字」最易被誤解,所以先借黃金數字為引子去解說。

所以,槓桿不應該考慮**「黃金數字」**,反而應該考慮**組合的構成、現金流**及**逃生方案**,這些事情不是跌市時才考慮,應是建立組合之初便考慮,然後按方案行事。

如果不明白的話,再舉一個例子:

方案一

投資者使用 1.4 倍槓桿買入領展房產基金 (SEHK:823)、置富產業信托 (SEHK:778) 及陽光房地產基金 (SEHK:435)

持續產出現金流去槓桿

方案二

投資者使用 1.25 倍槓桿買入 AMC Entertainment (US:AMC)、GameStop (US:GME) 及 Digital World Acquisition Corp (US:DWAC)。

不但沒有現金流產出去槓桿,更因買入目的是為「更高價格賣給其他人」,股價充滿波動性,如果一個不小心在高位做了這個方案,即使是 1.25 倍也會馬上斬倉

如果你認真思量，即使方案一使用較大槓桿，仍遠比方案二的投資更安全有效。所以，槓桿從來沒有黃金數字。槓桿是門藝術，不同時空可運用的槓桿亦不同。當你明白這回事，你會發現槓桿於現金流組合有明顯的優勢，而槓桿於 MEME Stock / 加密貨幣，明顯是一個風險極高的玩命動作。

經過深思熟慮、風險分散、長遠增長的投資組合，便是一架現金流機器，每年每月不斷把錢放進你口袋。這也是現金流的美學。而如何增加回報，減低風險及增強長遠的回報，則因每人的投資目的不同，及持貨時間長短，組合的構成也應有所不同，所以筆者認為，一直針對「多少槓桿方是安全」是沒有意義的。

債券槓桿的反思

債券是挺有意思的投資工具，具有固定的現金流，交易對手多是機構投資者，造就穩定的價格，但因沒有抗通脹能力，短、中期是安全，但長期則會危險。所以只會是組合的工具資產，不會是核心資產，亦因為如此，債券多用作套利。

同時，債券的計價極度依賴無風險回報來決定，所以廣受環境影響。昔日後金融海嘯時代的低息環境，遇上中國房地產業有強大的融資需要而苦無融資途徑，造就了以槓桿操作「公司債」的黃金機會，然後暗度陳倉般，把所得現金流投於核心資產中 (如 REIT)，這是筆者從 Starman 那裡學到的「Bond+REIT」組合拳。

但債券易受外在環境及利率所影響，所以套利這道窗口不會持久，槓桿債券的時機也不會永存。該窗口今已落下，當年「低風險、高回報」的

套利空間現已消失。如今，處於加息周期的起點，以及 3 條紅線的劃下，如果投資者仍以高槓桿買入內房債的話，無疑是火中取栗，得不償失。

當然，筆者相信，投資機會是一直存在，只是要考量下一道窗口會在哪裏打開。譬如說，因中國生產成本上升而產業鏈外移的前提下，企業紛紛遷往東南亞地區落戶，逐漸令當地產業的興起；也許在未來，一些新興市場同樣面對昔日中國的處境，套利的黃金窗口就有機會重現。

 **小心埋下的地雷**

傳奇投資者查理蒙格 (Charlie Munger) 有一句智慧之言：**「如果我知道自己會死在哪，我就不去那個地方」**。成功要點之一是逃避失敗的結局，而失敗的結局往往是值得學習的地方。

風險，市場中一直存在。在跌市之下，如果手中組合有分散投資，沒正中風眼，又沒運用槓桿，尚可不用太在意，大不了坐一坐貨。如果投資組合用了槓桿，但沒有效分散風險，或不幸吃中風眼，而沒有及時應急處理，投資組合便可能意外頻生。

提防「Loop Loop Loop 大法」

説話城中某投資高手開班授徒，廣結門生，當中的「Loop Loop Loop 大法」特別著名。

簡單一點，這套投資手法包括整理信貸評級、借入私人貸款、把資金放進投資平台，並運用極高槓桿買入匯豐銀行股票，從而不斷放大股息收入，達成持續的現金流。直白一點説，就是利用多重槓桿，透過買入高息投資物，進行套息活動。

但不幸地，2020 年由於史無前例的新冠疫情，匯豐銀行決定停發股息。由於股息停發，無險可守，加上匯豐股價大幅受壓，投資者不但錯失投資的黃金機會；更因組合受壓，放大了現金流錯配問題，輕則要持續投

入資金償還個人貸款，亦要投入額外資金防止斬倉，重則因槓桿用盡，無法短時間投入資金去救倉，必須直接斬倉，承受巨額的永久損失。

雖然匯豐銀行停發股息實屬前所未見，但此「Loop Loop Loop 大法」有眾多可破之處。

試想下列潛在問題：

- 匯豐銀行自 2008 年後基本面大不如前，是否值得投資？
- 傳統銀行以息差生意為主，在 2020 年超低利率下，是否合適投資的行業？
- 匯豐銀行屬於景氣循環股，為高波動性的股票，是否合適開槓桿？
- 如果環球經濟不景氣，它是否有足夠的防守能力？
- 把資金全投在一間公司上，風險有否分散？
- 如果投資平台收緊槓桿比率，組合有多少防守能力？
- 如果投資平台提升利率，息差還有多少？是否有足夠的獲利空間？
- 如果個人收入出現問題，急需資金，有沒有應急資金？

以上問題在槓桿時更值得思考。事實上，只要上列風險吃中兩三個，其投資法馬上被套牢，然後一環扣一環進入 Loop Loop Loop 死胡同，進入「借得多、死得快」的境界。

偽多元的現金流組合

「生意要集中，投資要分散」這是傳統智慧，在現金流投資中，亦是黃金法則。組合有不同類型的資產，把個別的風險分散，當意外發生時，可減少損失。

然而，何謂風險分散的組合？投資者常常充滿誤解，在槓桿的過程中更甚。如果你的投資組合中，堆滿不同的債券、優先股及交易所債券，按理說，只要分散買入便可分散風險，而固定收益資產具有保本特性，極具防守力，產出現金流又有利槓桿操作，透過槓桿又可放大回報，三者相輔相成，有何不妥？

事實上，以上是「表面多元、實質單一」的投資組合，當分散投資時，只會分散個別風險。所有固定收益資產均面對**利率風險**及**流動性風險**。在槓桿的操作下，風險回報兩者同時放大，即是說在槓桿下只買入固定收益資產，就是親手集中利率風險及流動性風險，然後再倍大化，利率風險為經濟進入加息周期後，帳面會欠缺防守力，流動性風險在股市欠缺流動性時，面對災難式的損失。

一個立於不敗的組合，不是單單分散買入不同投資物，更應考慮各成員的相關性 (Correlation)，進一步按照當下的投資環境而選擇有利的配置。

不應為維持回報　放大槓桿

現金流投資其中一個目的在於「套息」，若果全球正準備進入「加息周期」，令資金成本上升，息差只會下跌，回報自然會下降。為彌補失去的回報，投資初哥有時會利用更大的槓桿，但這是一種本末倒置的手法，即承受更大的風險來換取同樣的回報。

部分投資者則會分別借入不同的低息貨幣，來維持較低的資金成本，這涉及匯率風險。筆者認為，匯率的風險在槓桿操作中是一個核彈，我會在下一節詳述。

槓桿需紀律

運用槓桿應有進有退，背後有一套系統及選股策略，當你明白這點，在**投資前**著手處理風險，槓桿便不會高風險的動作，而是一系列的精心安排。

槓桿需要紀律，如果沒有紀律下操作，便會濫用槓桿，往往埋下陷阱而不自知。

譬如說，因為資產增值導致資本性去槓桿，槓桿比率快速回落，容易造成「低槓桿，很安全」的假象，吸引欠缺紀律的投資者追加買貨來提高回報。事實上，資本性去槓桿只是暫時性，必須主動賣貨方可永久性去槓桿。如果採用散戶式的追漲殺跌，很易在高處不斷追貨，然後只要出現回調，槓桿便會倍數級反噬，只要選股出現失誤，便會面臨崩潰。

相反，因為收取現金流導致現金流去槓桿，槓桿便會慢慢回落。相比資本性去槓桿，現金流去槓桿屬慢性、穩定及永久的。筆者建議，當收到股息後進行再投資時，不宜按「維持槓桿」的心態買貨，因為市場上的

風險回報比一直在變，當投資者持續槓桿式買貨時，難以減少風險。當風暴來臨時，輕則死守，錯失良機，重則被迫減倉，得不償失。

不應以長期槓桿 來維持「財自」

槓桿在於加快資產累積的時間。即是説槓桿是達成投資的手段及工具。當投資者尚在職時，主動收入提供一定的現金流為緩衝，必要時可再動用個人貸款，面對突如其來的波動尚有周旋的空間，但是當投資者進入財務自由的狀態，再沒有主動收入，日常支出全由投資組合支取，其去槓桿能力及承受風險能力自然大幅下降。

然而，每每有投資者鋌而走險，以槓桿後的回報為達成「財務自由」的條件，其如意算盤是：如果一家人每月花費為 $40,000，按回報率為 8% 的投資組合，槓桿兩倍，扣除利息費用後，大約有 14% 年回報。即是説以 350 萬的資金即可達成。配合合理的選股，股息每年增長並打敗通脹，形成每年的現金流不斷增長。如果一家人願意減低花費或是搬去生活成本較低的城市居住，更易達至「財務自由」。

但是，透過這種長時間維持高槓桿的投資行為，投資者已把自己投放在巨大的風險當中，因為持續地提取現金流，投資組合無法有效地再投資或是去槓桿。只要在金融市場發生意外，資產價格大幅地波動，輕則影響股息的現金流，重則面對斬倉風險，投資者或要「重出江湖」再靠主動收入。當然，市場最不缺的便是意外。

「財務自由」理應是不為金錢而限制決定，過著理想的生活。上面的例子中，按每年 14% 回報，進取一點，計算股價增長，5 年翻一番，即使，保守一點，不計股息增長及股價增長，每 7 年亦可翻一番，並永久免其風險，所以在達成財務自由之時，理應不可維持槓桿狀態。盡管因為現實所限，急於退下職場，其槓桿亦應減至低水平，並以零槓桿為目標。

勿作外匯套息交易
「超界王拳」

下筆在 2021 年末，時值進入加息周期的前夕，美元的借貸利率仍是處十分低水平，在盈透證券（IB）借 10 萬美元以下只需繳付 1.59% 的利率。當進入加息周期後，利率相信會極快提升，證券公司的借貸利率亦會跟升，間接把投資息差減少，即是美元很可能在「利率正常化」的過程中，不再是「低息貨幣」。

狂借極低息貨幣？

鑑於各國經濟因素及貨幣政策，日元及歐元等貨幣仍很可能處於極低息，預期部分投資者為了維持其息差套利或是提高收益，很可能借入「低息貨幣」投資。筆者必須指出，這是一種外匯套息交易 (Carry Trade)，這也是風兄在《懶系投資法》一書所指的「超界王拳」。

外匯套息交易本質就是炒賣外匯，由於還息不還本，加上借貸利率極低，投資者往往在無視匯率風險下進行長期借貸。這操作可說是把「地雷」埋在組合中，風和日麗時，並無不妥，但當該國經濟基本因素改變時，便會出現不確定性：

- 匯價波動，令組合的負債增加；
- 貨幣的借貸利率上升，令息差收窄，去掉獲利空間。

最可怕的情況是，部分投資者在高槓桿下，不但沒有有效分散風險、更

借入「低息貨幣」，這是極危險的動作。市況波動時，組合可說毫無防守力，以至一環扣一環進入死胡同。

日元成「避險貨幣」的假象

筆者初入股市時，不少投資者均借入低息貨幣（主要是日元）來買美元資產，為的是更多的息差收益，但在 2020 年 3 月新冠肺炎疫情爆發時，全球資產價格爆跌，槓桿者的槓桿比例急升，借入低息貨幣者更因美元下跌，日元因「避險」升值，承受多重夾擊，如同行上斷頭台，成為第一批被斬倉的人。

為了減低匯率風險，部分投資者會分散借入不同的低息貨幣，比如借入 1/3 日元，1/3 歐元，1/3 法郎，但他們有同樣問題——把投資組合長期暴露於匯率風險，極其不智。

明智的投資者面對熊市時，遇上資產價格下跌，仍可以選股及組合配置來減少損失，最多被子彈擦過，死不了人。倘投資者借入低息貨幣，要承受額外的匯率風險，則是核彈級別的災難，有可能造成滅頂之災。

事實上，日元之所以稱為「避險貨幣」，不是因為可以避險，而是因為日本經濟自泡沫爆破後，長期陷入低迷，加上人口及企業文化等因素，經濟遲遲未能走出谷底，令日本政府刻意減低利率來刺激經濟。對於投資者來說，日元利率的確提供十分低的資金成本，在風平浪靜之時，投資者大可沽出日元買入其他貨幣資產，當發生金融危機時，機構會因為「去槓桿」而去平倉，會在短時間內大量買入日元，令日元升值，形成「避險貨幣」的假象。在 2022 年美國進入加息周期之時，由於美國的資金成本大幅增加，而同時日元利率仍維持在極低水平，再次吸引投資者沽日元來換取購買力，導致日元狂跌。

歷史發展總是驚人地相似，外匯市場風雲萬變，其風險深不可測。身為理性的現金流投資者，只會趁日元匯率下跌，把每月收到的股息部分轉成日元，方便日後旅行之用，盡管幾時出行，尚未可知 (苦笑)。

衰退前關掉槓桿 並不可恥

2020 年零利率時代開始，計算一個利率周期，假設這一次周期為 5 年 *：

- 對一個專門防守的現金流投資者來說，淨資產應該增加一倍。
- 對一個攻守兼備的現金流投資者來說，淨資產應該增加數倍。

試想像，5 年時間足以令科技巨企 (Mega Tech) 呈倍數級的增長，因為

資本性去槓桿的關係，形成厚厚的緩衝 (Buffer)，而防守的現金流組合即使不作再投資，也會透過現金流去槓桿。在這個過程中，現金流投資者已經透過槓桿比普通投資者走快了數年。

面對經濟衰退，如果現金流投資者把後門關掉 (請參閱第 8 章〈每當風暴來臨時〉)，跟其他投資者站在同一跑道，那就跟普通投資者承受同樣的下跌。事實上，只要在利率倒掛現身後，把槓桿去掉，已是立於不敗之地，組合保持資產分散，便可把下沉壓力減輕。

如果投資者真的害怕，可賣出一部分股票套現，並暫時不再投入資金投資，以備不時之需。進取一點的投資者，可跟從機構提早買入國債，利用日後其他投資者後知後覺避險時獲得更大的購買力。

用槓桿操作的現金流投資者，每日也要走在「去槓桿」的路上。今日的槓桿，原是為明天的去槓桿；明日的去槓桿，是為了他日的再槓桿。

願各位達到心中的投資目標，提早贖回自己。

第十章

建構財商是
一場修煉

坦白說，《動態現金流》一書並不屬於入口即化的範疇，對投資有一定認識的讀者，方會領會其意義。而看過筆者 Blog 的讀者，翻開這本書的內容，相信會有相當「驚喜」。

撰寫此書的時候，不其然想起這些話：

- 財富是跟財務智商匹配的
- 人無法得到認知以外的金錢
- 財富是財務智商對現實的變現

在本書這一章，是筆者及谷友對財務智商 (下稱財商) 的一些想法，這些反思沒有絕對答案，意義在於過程。

10.1 究竟甚麼是財商？

某投資谷的真實對話：

谷友 J

> 老老實實，講咗咁耐，其實財商即係咩？

谷友 M

> 我覺得用人話版來講，就係睇得明《富爸爸》& Starman 本書，然後融會貫通，再放係投資入面。

谷友 K

> 大佬，其實好難睇得明，佢地單單一本都難明。仲要加埋風兄本書做參考書。書真係要俾心機睇，唔係單單喺 YouTube 聽吓書本簡介就算。

谷友 M

> 最基本一件事，清楚知道人一生只有 40 年時間搵錢，要使 70 年再養埋上下兩代，夾埋養足三代人。只要諗完就覺得自己好窮。

結果全谷表示 So Sad，我地真心窮。

筆者實話實說，財商非常重要，因為「投資回報」來自：本金、回報率、時間三者組成。本金是不可控，但可累積，但回報率可按財商來擴大，而時間則是你的覺悟時機，也是投資者精神及身體的極限。

有錢人之所以為有錢人，不一定有「父幹」，還可能因為他們有更高的財商、視野、膽識及耐性。

有「父幹」的投資者，往往能在投資的起步時高於大眾，由於本金的優勢令回報率及時間的要求相對較低，不過「父不過三代」，靠「父幹」更多的情況是，由於長年安逸令後代慢慢失去財商、視野、膽識及耐性，以致被對手翻盤，這也是為甚麼富有人家重視下一代學識的原因之一。

身為沒有「父幹」的投資者更應明白這點，欠缺本金下，應該開發自身的財商，慢慢把手中的爛牌，一步一步打成好牌。

時代的禮物

「那是最好的時代，那是最壞的時代。」

——狄更斯《雙城記》

香港後生仔經常說，上一代社會流動性高，容易升職；上一代機會處處，易發達；上一代只要買樓便會安享晚年。事實上，當年亦有當年的困境，如公共資源的欠缺、知識的不流動。筆者相信，不同的時代有其禮物與陷阱，只是有些人找到禮物，有些人遇到陷阱。

「時代的禮物」往往要倒後看方會發現，正如上一代的禮物為樓宇升值，2010 至 2020 年則是套息空間及科技發展，2020 至 2021 年是零息環境及價格重置。在一個資金氾濫的年代，持續的低息很可能是常態，經濟重啟及去全球化孕育出高通脹，也可能是當下的時代禮物，是否有能

力打開這份禮物，則是視乎閣下財商的高低。**如無財商的成長，貧富之間的差距只會一再拉遠，社會的流動性只會驟減，恐怕寒門出身終其一生亦走不出老鼠圈。這是無奈，也是現實。**

在不安的時代，只有不斷拓展財商，明白工具之間的強弱，思量運用工具的時機及出招次序，慢慢打出你的投資組合。而只有經過內化，方會成為你自己的投資法。

現金流從來也是一種心法為主的思考，在動盪年代，自然需按當時的環境而微調，每次你重新思考，便會對現金流有多一層的領會。

把握人生閃現幾次的機會

人的一生是短暫的。假設一個人 22 歲畢業，一直工作直到 65 歲退休，當中有 43 年的時間投放於工作上，扣除頭 3 年換糸期，那集中精神於工作，為未來的事業打下基礎的時間，只剩下 40 年。

從歷史上看，一個經濟周期大概 7 至 9 年，即是說每 7 至 9 年便會碰上經濟谷底，拉個平均數算 8 年。那意味著你的人生只有 5 次上車的機會。

但這是一個樂觀的推算。事實上，每個周期長短也不一。2008 年以來，金融市場的投資邏輯從頭到尾的改變。在那一年開始，金融市場迎來有歷史以來最長的牛市，足足是是 12 年之久。直到 2020 年 3 月全球爆發肺炎、重創經濟，金融市場的多頭停下，美國股市於一個月內下跌三成。

誠然，那是一個絕佳的出手時機。但在聯儲局開水喉之下，金融市場在數個月後再創新高，上車機會轉眼即逝。如果計算得保守一點，按上一周期為標準，每一個周期都是 12 年。

那代表一個更加殘忍的現實，一個人一生中只有 3 次上車機會！如果你在 25 歲遇到第一次機會，而你沒有把握機會出手，錯失機會，下一次機會便是在 37 歲時出現，如果你再錯失，下一次就已是 51 歲，再錯失就到 64 歲。而當你每錯失一次，你的人生就會落後別人複息滾存的 13 年。

如果你在 51 歲才成功醒覺，難道還有足夠的時間搵夠錢退休？這個根本不是膽量的問題，而是財商問題。愈是遲覺醒，時間愈是你的對手。投資者一生也在跟時間打關係，時間成為你的隊友還是對手，全憑你對財商的覺悟。

關於這點，筆者建議讀者以儲下的本金及早進入市場，以提升財商。如果只一味儲蓄現金，而沒有持續進行投資及思考，財商沒有與財富一同成長，那即使有黃金機會出現，你也難以把握，這正是普遍香港人的共通點。

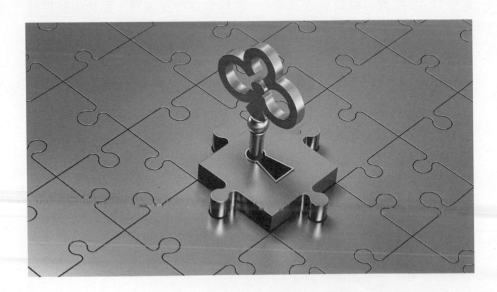

10.2 反思「金科玉律」 敬請獨立思考

對投資者來說，保持獨立思考十分重要。現實世界不斷變幻，投資世界也如是，所以投資者需要一直思考，為投資組合做出判斷。即使是曾經的金科玉律，也要思考是否適合現今的投資環境。

舉例，以下投資法，被不少人奉為金科玉律，筆者卻有所保留：

誰說按年齡買股債

此投資法大意為：當投資者年輕時投資組合應「多股票少債券」、中年則「少股票多債券」，退休便「零股票全債券」。

這論點的理據，主要來自當投資者老去，失去主動收入，風險承受能力會下降，但是當投資者只投資債券及固定收益產品的話，便會面對數個問題：

一 . 贖回風險

固定收益資產具有「時限」，到贖回日會面臨「贖回風險」，投資債券必定需要留意利率周期。在利率周期中，低息環境會令公司具有強烈動機提早贖回直債、ETD 及優先股。對於「存債族」來說，那就好像儲存一些「會過期」的資產，當日子到了，便會慢慢被贖回資產，形成「無兵可用」。

二. 通脹

另一面，由於債息回報買入時已經鎖定，債息不具備增長的因素，所以無法抗通脹。當通脹來時，其真實購買力會慢慢減少。

三. 超低息率的環境

另一潛在問題是，當利率長期維持在低水平，公司重新發行新債券時，其票面息率亦會十分低，「存債族」慢慢面對回報不斷減少的局面。如果死守此教條，退休人士會在多重打擊下進入困境，最後不得不減低生活質素，或為了回報而承受超額風險，這是本末倒置的。

老實說，筆者並不認同老年人成為「存債族」，因上述風險令老年人有機會失去財務主動權，被利率拉著走。

股債黃金比例？

利用資產間的低關聯性或負關聯性（常識中當股票上升時，債券便會下跌；債券上升時，股票便會下跌），透過兩種資產之間 6:4 的比例，不斷定時調整，令組合具有良好的風險回報比。

讀者要留意，這個比例當中的債券是指美國國庫債券（下稱國債），只有國債方會跟股票有負關聯性。問題是在筆下的今天（2021 年年底），全球正在超低利率的環境，國債失去大部分的對沖能力，即是說當股票下跌時，國債也不會大幅上升，而國債那低得可怕的利息，也無法提供有效的現金流，配合當下高達 7% 的通脹，長期持有國債只有輸通脹。

這引出以下問題：是否需要在當下配置同樣的國債？應否配置其他投資物為輔助？

關於以上的問題，筆者已在本書分享心中答案，但這答案不是金科玉律，讀者也要獨立考量。

金科玉律也會改變，也不一定適合所有人，惟有建立自己的「財商」方是長久之途。君不見兩位股神——蒙格、巴菲特，年屆九十高齡仍滿手股票；君不見本地的 Starman 及風兄正當盛年，卻玩得一手好債券，早早財務自由。

筆者只想引導讀者思考，由於投資環境的轉變，任何事也可能發生，這正是投資的難處，也是樂趣之處。所以在閱讀本書時，請把此書看為筆者「拋磚引玉」的思考方法，讀者需要思考筆者在書寫時的思考，在應用時，也要思考是否適用你翻書當下的投資環境。思考當下，是「財商」建立之始。

投資要「先增值後現金流」？

不知甚麼時候開始，便有「先增值，後現金流」的說法。對不少投資者來說，這好像是投資真理：

- 年輕時買潛力股求增長
- 年長時買收息股求現金流

如果根據這兩點法則，理應是蒙格、巴菲特、索羅斯，甚至是「木頭姐」等長者應該多買收息股，現實上這等智者卻沒買入大量的收息股，反而大把大把各類股票在手，這實在奇怪。

更奇怪的是，此法則建議年輕投資者買潛力股求增長，眾所周知投資對知識具備門檻，而投資增長股對知識的要求更高，投資潛力股更是高難度動作，因為行業資訊的不對稱，如果閣下不是業內從業員，投資潛力股是一種風險回報不成比例的行為。

- 追求「增值」往往陷入眾多風險，這是知識及心理質素極高的門檻。若果組合全是潛力股，面對波動市時必然面對巨大的機會成本，投資者可能需要不斷投入薪金買入股票，偶有不慎，便令生活質素下降，有違投資目的。
- 企業的成功與否，往往事後方知。這也是為甚麼增長股及潛力股投資者會把「信念」掛在口中。問題是當股價一直跌，你在報價面對念念有詞「投資信念」，那是你想要的嗎？

這慢慢構成了一個奇怪現象：「新手追求風險，老手追求回報」，也令筆者想起了某老手的推論：

- 根據歷史只有極少數的投資者得到 15% 年回報率，而我的投資目的正正是以 15% 為目標。當我買了收息股就不可有高回報，要高回報就一定要買增長股。

- 如果投資組合買了收息股，為達到投資目的便要令組合涉足更高的風險。所以我不會買收息股。
- 我仍年輕，有不錯的主動收入，應該多買點增長股，直到另一半退休時，方買收息股。

上面推論或許是有道理，但問題是，股市長期回報只有 8% 左右，如果找到一間現時股息率（Cash Outflow）是 8% 的公司，並且業務穩健且持續增長，我們只要以它為核心展開「防守性投資組合」，在不槓桿的情況下已可與大市同步，配合槓桿及合理的操作，不難超過 15% 年回報，那為甚麼還要一定要買增長股？

尋求比市場更大的「資本增長」從來不是易事，資本增長伴隨的多是價格的波幅，而很多投資者為了價格波幅買入「潛力股」，尋找下一個 Tencent（SFHK：700），下一個 Alibaba（SEHK：9988），下一個 Apple（US：AAPL），下一個 Tesla（US：TSLA）。但現實上，真正的潛力股難以被一般投資者判斷。如果為了「增值」去涉足高風險的投機活動，往往落得慘淡收場。

先現金流、後現金流、再現金流

很多人不明白，投資者不會因資產增加才去買現金流資產，而是因為一直持有現金流資產而有效地累積財富，在經濟不景氣下，他人被迫以低價賣出優質資產時，現金流投資者才會不斷回血抄底，從而更有效地累積財富。即使現金流投資者失業，在合理配置下，只是錯失抄底的機會，其現金流組合仍源源不絕產出現金流，支撐生活，這正是筆者認為投資者對投資應有的態度。

在筆者的投資哲學中，投資是追求現金流，也即是「先現金流、後現金流、再現金流」，差別只在那些現金流是交由投資者或是企業家負責運用，當中構成現金流回報及資本增長回報，再透過投資組合，達至自己

訂立的投資目的。

本細唔怕輸 本大要保守！？

筆者活躍於社交媒體，不時聽到谷友以下的對話：

- 本細唔怕輸，本大要保守；
- 炒股票輸掉，便努力打工對沖。

當中他們不怕輸的原因，在於本金額細，他們往往想以減少支出或增加打工時間得到更多的主動現金流，所以不怕輸。但是這情況只在投資組合尚是小規模時有效，當整體投資金額一再增加，主動收入對於投資總額的比例會減少，那投資者的投資水平便會原形畢露。

另外，投資是為了更好的生活，也是為了未來的自由而鋪路，如果因為投資失誤而減低支出或要增加打工時間，這只會減低生活質素，本末倒置。所以筆者完全不同意所謂的「打工對沖」。事實上，以上全是筆者在新手時期的過來人經驗，曾經面對帳面損失時，筆者會把工資投入帳戶當中，令帳戶銀碼沒有下跌，只是「自我陶醉」。

10.3 投資
一個資產追資產的過程

善待資本

資本是有限的，若你把手中的錢當成最後一筆本時，

- 你會如何思考？
- 你會如何做出決定？
- 如何利用手中僅有的資本達成投資目的？

當資金有所限定時，你每一次行動會經過再三思考，減少出錯。再進一步時，在投資者的角度，不論資金大細，亦要思考風險最小化同時回報最大化的配置，當累積可持續創造價值的資產，自然會慢慢打敗大盤。

以勞力追資產 極低效率

在現今的投資環境，眾多投資工具的門檻減低，投資回報跟本金大小已變得沒有太大的關係，一萬變 10 萬是 10 倍，10 萬變 100 萬也是 10 倍。當投資者投資的銀碼上升時，市場每日的波動會做成額外的心理壓力，這需要長時間的學習及思考。

筆者認為，年輕人不要抱住「搏一搏，單車變摩托」的想法，此與價值投資背道而馳，實在是「學壞手勢」。複息效應，永遠是一刀兩面，如果投資起步時「學壞手勢」，其惡性循環的影響力也會複息地呈現，絕

對是一場惡夢。年輕人理應趁年青，以手中本金好好學習投資心態及知識，打好基礎，提升財商，讓時間及複息效應為你服務，當日後本錢增加時，便會感受到第八奇蹟的威力。

你身邊的人往往會認為，要有父幹或需儲一筆錢之後才學投資，其實這些人不了解資產的本質。

資產有如一卡卡分為頭等、商務、經濟、特惠經濟、貨倉的火車，而你今天的勞動力就如在月台跑的一個人，你的專業資格代表你起始的地點。或許當火車開動時，你有機會從經濟艙上車。如果你的目標是頭等火車卡，但在這刻卻決定不登上火車，只繼續在月台跑，有甚麼可能會跑得比火車還快？

而且，你會發現，你身邊經過的經濟艙，慢慢變為特惠經濟，再變貨倉，然後連車尾燈也看不到。那何不選擇先登上火車，然後在火車內裡跑去頭等艙？

講真嗰句，你是散戶打工仔，我也是散戶打工仔；你是白手興家，我也是白手興家，但事實證明以勞力追資產是一件低效率的事，投資也不是一步到位，投資從來也是資產追資產。當你登上火車，會遇上形形式式的人，那些經歷會助你向前踏出每一步。或許你想要達全的頭等艙，會在不經不覺間到達。

現金流與負債　Rich Dad & Poor Dad

對負債的理解，真要有開竅的一刻，負債是工具不是缺點，股票投資也不是鋪鋪清的遊戲。

現金流的遊戲是一場「累積資產」的過程，而股息再投資，本是風險分散及自我完善的行為，造成「進可攻、退可守」的組合特質。當投資的時間拉長，財富漸漸累積，你會把投資項目再分散，漸漸伸展到物業或是其他項目。再進一步，就是如何加快「累積資產」，當中常常涉及「工具的運用」及「槓桿」。但是槓桿是一把雙刃劍，放大回報亦放大風險，如果你未能在金融市場中穩定獲利，筆者不建議你使用「槓桿」，如果你成功穩定獲利並明白槓桿引伸的風險，槓桿才可以不斷放大你的收益。

而在投資路上，筆者認為初學者理應學會「工具」的特點及基本運用。所以筆者認為《窮爸爸，富爸爸》一書重點在於：

- 分辨資產、負債，創造現金流
- 由「創造現金流」、「合理槓桿」、「風險控制」構成現金流管道

做到這兩點，可讓金錢自動流入你口袋，加快你到達財務自由的目的地。即是說，「方法」遠比「本金」重要。事實上，「本金」多少從來不是

投資的重要考量，只要「方法」正確，就可不斷複製成功的經驗。隨著時間流逝，「方法」產出的現金流會遠遠超過本金，所以不存在一定要「先增值、後現金流」。

第十一章

給谷友的信
投資不是罐頭文

投資講求目的，也講求風險承受能力。每個人的目的、能力、進場時機不同，引伸出不同的投資組合。

這些年，筆者跟不少谷友反覆討論「現金流投資法」，在此選出其中 5 封信，分別對應不同背景：

- 信件一 . 投資新手上路
- 信件二 . 熊市下的港股
- 信件三 . 預備退休
- 信件四 . 以工具輔助生活
- 信件五 . 移民前的準備

每項投資物會隨時間而有不同的投資價值，所以讀者翻開此章時，謹記信中提及的投資物的投資價值及時空背景已變，所以當中提及的投資物不是重點，筆者希望透過信中對答，引出投資基本原則，希望讀者思考當中理據，進一步完善自己的投資組合。

11.1 要求不高的新手 如何上路？

 第一封信

谷友 B：新手；工作穩定、可接受中等風險；投資目標是穩定現金流、
每年 5% 左右；尚有 60% 資金未入市

時間：2020 年 5 月——寫於大市崩盤後

> 唔好意思，新手想請教一下。因為今年好唔順同有啲迷失。
> 如果無乜時間睇股市，只係想收 5 至 6%，係咪 AWF 這
> CEF 最穩陣？現在有少少 CEF 及港股。想穩陣啲。其實
> 係咪 CEF 就最好？
>
> 除咗 PTY 這隻 CEF 外，其他都蟹咗，無辦法太多黑天鵝。
> 好似覺得 CEF 長坐最穩。

Kano：CEF 不是「長坐最穩」之選

首先多謝 B 支持筆者早前介紹的封閉式基金 (CEF)：

- PTY (PIMCO Corporate & Income Opportunity Fund)
- RQI (Cohen & Steers Qlty Inc Realty Fund Inc.)
- AWF(AllianceBernstein Global Hgh Incm Fund Inc.)

雖說 CEF 是懶人恩物，對於新手的確穩穩陣陣，月月收股息。但是筆者不認為 CEF 是「長坐最穩」之選，只因它可能出現結構不穩，投資者需定期檢視，情況有異便需沽出。說到底 CEF 只是工具資產，不應是長遠累積的投資物，只是 RQI 及 PTY 歷年表現十分出息，在提供穩定現金流之外，回報亦長期跑勝相關指數。

以固定收益資產為主 慢慢收息等機會

關於投資目標，你要求不高，只希望5%回報率，同時要求穩定現金流。
你只買 CEF 及 港股。CEF 月月收息，而港股則一年兩息：

	PTY	RQI	823 領展房 產基金	12 恆基地 產	16 新鴻基 地產	778 置富產 業信託
1 月	✓	✓				
2 月	✓	✓				
3 月	✓	✓			✓	✓
4 月	✓	✓				
5 月	✓	✓				
6 月	✓	✓		✓		
7 月	✓	✓	✓			
8 月	✓	✓				✓
9 月	✓	✓		✓		
10 月	✓	✓				
11 月	✓	✓			✓	
12 月	✓	✓	✓			

做一個簡單的股息分佈分析後，你會發現某幾個月份現金流較弱，相信剛剛過去的兩個月，你更感覺現金流不足的難處，所以投入餘下的資金時，應考慮這問題。你的目標是 5% 回報，所以筆者建議中至低風險的組合，當中以固定收益資產為主是不錯的選擇。

若對香港仍有信心，可利用每月產出的股息入市，以避開不穩的投資氣氛，又可等待港股的成果。如果對香港沒信心的話，可利用每月股息投資於新加坡及美國市場，最重要穩中求勝，慢慢收息等機會，培養投資的觸覺，不要有投機的行為，希望你找到合適你的投資風格。有數可計時，便可安享投資回報。

對了，投資者需要做好注碼控制，即是保持資產分散化，分散風險。對筆者來説，每一個投資不會超過總投資額的 10%，你也可參考一下。

小結：

- 對於新手，固定收益資產及封閉式基金是比較好上手的工具。
- 投資分散化是習慣，也是控制風險的手法，建議初學者從首階段便培養。
- 為組合設立股息分佈分析，預知每月所收的股息金額，以制訂下一步的投資決定。
- 初學者可能會追求每月收到相同的股息，如同自製長糧，令人安心。但對於進階者來説，這並不是必要的，因為底層資產的質素方是最重要的考量。
- 現金流投資者的大多數時間是等待機會，每個月也在收取股息，等待市場特價太平賣，令自己可買入更多的優質資產以增強實力。

11.2 熊市下的港股

 第二封信

竹科工程師：80 後投資者，作垻金流投資

時間：2020 年 9 月——寫於港股一蹶不振時

 Hi～關注你的 blog 一陣子了，我覺得現金流的回報率穩定但沒爆發性，目前還在摸索適合自己的投資方式～

蠻好奇你對香港股市之後的看法，我於 2019 開始投資港股 (5、778、709)，至今慘賠～不知道現金流投資者對港股還能不能有期待～

Kano：

關於投資方式，最緊要適合你的性格，也達到你個人的目標回報及風險，就像我性格又慢又悶，不喜歡短炒，慢慢來、有數得計的投資比較適合我。現金流的特點就是穩，你總不可能要求某投資物又穩又富爆發性。你的操作應是台灣主流的「存股投資」，即香港常見的買股收息。

港股看法方面，你談及的港股我是有所保留的，主因是你不太熟悉香港

的情況。你只需查一下，全球最貴的租金之地，就會明白香港「地產」的可怕之處。依據租金合約的特點及保障性，香港的租務市場近乎不敗，這也是香港人面對樓市的絕望。從另一方面看，這同樣是投資者穩定獲利的投資邏輯。你感到困擾的主要問題是：你還沒有弄清楚「價格」與「價值」的分別。

當價值投資者　不當價格投資者

這是價值投資的第一份也是最重要的一份功課。在此，先問你一道問題，當股票的價格下跌時，你應該：(1) 高興或 (1) 傷心？

選 (1) 或 (2)，是當股價下跌時，你進行「價值判定」後的反應：

- 如果價格下跌，價值上升，你應該偷笑，馬上加倉；
- 如果價格下跌，價值不變，你應該微笑，決定「加倉」或「持有」；
- 如果價格下跌，價值下跌少於價格下跌，你應該「持有」；
- 如果價格下跌，價值下跌多於價格下跌，你應該「沽售」。

如是者：

- 2588 (中銀航空租賃) 屬於第一種情景，實力大增 (價值上升) 而市場價格下跌，筆者終於找到機會把它放進組合。
- 823 (領展) 也勉強屬於第一種情景，股價下跌實力微微上升，筆者增持了一點。
- 778 (置富) 則屬第三種情景，股價下跌遠超價值的下跌，我沒持有也不打算增持。

大部分情況下，**股價下跌應是「現金流投資者」的樂園**，這有別於主流認知。對現金流投資者來說，投資從來是為了累積「資產」，這點十分

重要。至於你提及的兩間公司，5（匯豐銀行）與709（佐丹奴國際），分別屬於傳統銀行業及零售業，是筆者完全不會碰的行業。在於前者是「景氣循環」股；後者是品牌類，但老實說在香港競爭激烈，筆者對該公司是否持提價能力存保留意見。

筆者認為股票應盡量選擇高質，要求需定得高一點，須具足夠的防守性，能於經濟不景氣時繼續獲利。對於投資者來說，這種股票可進可退，進可繼續收息再投資，提供現金流於低位買貨，退可提供現金流支援投資者的生活。所以筆者認為，以上兩者的股票，並不適合放進自己的防守組合。

「風險」應是「負面的不確定性」

另外，筆者並不認同「風險」是波動性。「風險」應是「負面的不確定性」。風險管理只會在跌市才突顯出來。投資中常用的工具：股票、REIT、Business Trust、ETD，以及 Bond 是不同類型的產品。審視它們時，應有不同的考慮方向，所以「現金流」決不是只買入不同的高息產品，而是有效利用它們的特性，亦即學會「工具的選擇」。

對於現金流投資者來說，投資大部分回報早於買入那刻經已決定，往後是於不同的情景下應有不同的取捨。而當你的思考由「個股」拉至「組合」時，應進一步合理地平衡各方面的風險及回報。所以「現金流」永遠是「多元」及「動態」的投資決定。

小結：

- 對於身處台灣的谷友指，現金流投資**「穩定但沒爆發性」**，這是很正常的。天下間沒有完美的投資法，如果有投資法「又穩定又高息又具十足爆發力」，應會獨霸天下。其實，現金流投資是有點吃時機的投資法。

- 當進行海外投資時 (如文中台灣谷友投資港股) 時，必須加倍小心，因為容易按本身的認知代入當地的文化，產生誤解。

- 投資者應主動考慮投資物的特性，是否有足夠的防守能力。優秀的股票在經濟下行時仍持續獲利，部分更可借勢發展，這是平庸的公司做不到的，也是為甚麼優質公司值得持有及一再增持。

- 筆者邀請讀者簡單做一份功課，計一計上文提及兩間公司的近 5 年回報：
    - * 匯豐銀行 (SEHK：5) 的回報率：＿＿＿＿＿＿＿＿＿＿＿＿＿＿
    - * 佐丹奴國際 (SEHK：709) 的回報率：＿＿＿＿＿＿＿＿＿＿＿＿

11.3　財自退休
只投資債券收息可行嗎？

 第三封信

May Ng：兩夫婦木屆退休年齡，這些年工作十分辛勞，為健康着想，
計劃提早退休；看淡經濟前景，不求大富大貴，只求穩定收
息及增長

時間：2020 年 10 月──寫於新冠疫苗研發後

> 請問 Kano 兄對買債券收息有甚麼建議呢？
>
> 現有一筆資金用作投資，考慮投資直債，餘下買 REITs 和
> ETF，收取利息後再投資；安全至上，唔想食唔安瞓唔着。
>
> 因投資方向个明朗，看見創興銀行有一直債，少許 above
> par，未知是否適合入手？

Kano：

直債是現金流的重要一員，筆者的組合中亦有債券。對於直債的投資、
持有與否，很視乎你的投資目標、承受風險、投資知識。投資是一局全
盤的計劃，單說某種產品、某個別的金融資產好不好是不足的，很可能
出現這是 **「良好的金融產品」**，但同時也是 **「欠佳的投資決定」**。即是
說，該投資物達不到你的投資目標，那產品並不適合你。

回到前面提及的，創興銀行的債券值得投資嗎？

當談及這個問題自然會想：(1) 創興銀行的財政情況？、(2) 創興銀行的償還能力？

如只從這兩點出發，筆者可以直接說，創興銀行的還款能力一流，違約可能性很低，具有一定的投資價值。

提防公司 只贖回舊債新債

但自 2020 年 4 月以來，當無風險利率 (Risk Free Rate) 一再下跌，現在美國國債利率近乎零，在可預見的將來，相當一段時間內無風險利率應會維持在極低水平。當時間一久，眾多公司只會贖回舊債發出新債，因為公司可以極低成本融資，進可攻，退可還債，改善資本結構。

但是，這對投資者卻是另一番風光，因為新債的票面息率只會維持在極低的數字，為這，投資者只可減低投資期望或是透過加大槓桿，以得到更多的回報。

投資債券本為穩定收益，如為了增加回報而隨意加大槓桿，其實本末倒置，白白令投資者承受無謂的風險，這就是債券常見的「再投資風險」。在短期及中期的未來而言，仍是債券投資者的寒冬。

所以，當今你問及可否買入直債收取債息時，情況有點不好說，不是不可投資債券，而且創興銀行的債券質素良好，但問題是適合你嗎？**如果你正預備退休，該債券雖說安全，但息率較低而又佔了相當的資金，看來難以達到你的投資目的，更不說那可能浪費了時下絕佳的進攻機會。**

退休組合 要立不敗之地

另外，關於退休組合，組合首先要立於不敗之地，不是說股價要長升長有 (事實上這是不可能的事)，而是確保：

- 每年必定得到明確的股息；
- 於「預備階段」時，股息能滿足你大部分生活所需；
- 於「完成階段」時，股息足以滿足你全部的生活所需；
- 每年的股息必須增長，並且增長得比通脹為高；
- 應有一筆額外的資金，以應付突如其來的支出。

如果你想穩定收息之餘，另有增長成份。思考上應按 2:1 或是 3:1 的分配，去安排資金。收息部分應再細分為：(1) 高現金流，穩健業務、(2) 中現金流，增長業務。如果收息只是輔助你部分生活所需，可選 (1) 為主力，然後以 (1) 產出的股息，投入 (2) 的當中。因為現金流需要流動，如果組合只有 (2)，你很難感受到流動性，也難以在波動市中有足夠的子彈買平貨。

「耐心」是現金流投資者重要的質素，一路等收錢，一路等市場出錯，慢慢買便宜貨。別人出錯時，便是你進攻的時機。

小結：

- 設立投資目標是所有行動前的考量，因為投資物十分多，每件也有其特性，不同的人有不同的需要，所以投資者務必思考投資物是否符合投資目的。
- 單一的投資物，往往未能幫助投資者達致投資目的，需透過建構投資組合來達成。
- 所以，投資是一道道思考題：
    - 我在哪兒 → 投資的起點
    - 我將會去哪兒 → 投資的目的地
    - 我如何去哪兒 → 如何由起點去目的地

11.4 應否使用槓桿買入全倉 SSF？

 第四封信

Agnes： 加拿大稅務公民，現居加拿大

時間： 2020 年 10 月——寫於新冠疫苗研發後

> I appreciate the contents you share here which helps me a lot. Will you recommend I use IBKR margin to invest in DFN or ENS? Thanks.
>
> (很欣賞你的投資分享內容，令我獲益良多；我想使用 I B 槓桿買入全倉 SSF (DFN 或 ENS)，你認為如何？謝謝！)

Kano：

在投資目的上，投資 SSF (Split Share Funds，股票分置基金) 是為了股息收入，而槓桿買入 SSF 則是再次倍大股息。以槓桿買入屬於 SSF 的 DFN (Dividend 15 Split Corp-A) 及 ENS (E Split Corp-A)，理論上投資者可以每月收到股息，每年收到超過 20% 的回報。

只是，投資者在決定此槓桿操作前，必須知道這操作有一定限制，主因加拿大股票倉值相對較低，大約只做到最高 3 倍槓桿。普遍來說，香港、

新加坡優質股票可做到 5 倍槓桿，而美國優質股票則為 6 倍。最高槓桿倍數是面對跌市時的防守力，而 SSF 天生有潛在問題，就是流動性低，加上槓桿倍數上限較低的問題，可使用的槓桿只會更低。

如果沒意識到這風險而長開槓桿，很可能出現以下情況：

- 在風和日麗時，你會收到超額的股息收入；
- 但只要出現地區性的跌市，你便會面對沉重的壓力。

所以筆者並不建議全倉並槓桿買入 SSF，這樣做會把流動性風險不斷放大。因為不清楚讀者的知識及能力，筆者想到兩個保守點解決的方案：

方案一：

在沒有槓桿下買入 SSF，每月收到股息後，扣除日常生活費，然後把剩下的資金投入市場，利用股息再投資，買入加拿大當地優質股或優先股，逐漸滾大收益。

方案二：

如果方案一未能產出足夠的現金流，則可承受一點風險來開槓桿。但是開了槓桿後，必須要提高風險意識。如果不是急需大量現金流，應利用組合的主要資金買入 SSF 後，一部分資金用來還債，剩下資金買入當地的優質股票。目標應是當地的 REITs、金融服務機構及能源公用類別，因為這些股票具抗通脹能力，以及有效分散 SSF 流動性不足的缺點。

方案理據在於享受 SSF 提供高現金流，也享受其他資產的現金流，避免錯開單一類型投資物的風險。並享有其他產業所提供的緩衝。而重要的一點是，傾向使用低槓桿，每月股息收入扣除生活費後，可視乎情況進利「股息再投資」或「直接去槓桿」。相比原本的計劃，這樣可享有高現金流，亦有一定抗通脹能力及減低斬倉風險。

小結：

- 香港投資者投資加拿大這地區，可獲穩定現金流；

- 加拿大居民則需思考資產配置，以有效運用當地具免稅的退休帳戶；

- 投資加拿大的股票分置基金是為了驚人的穩定股息回報，由於股息每月發放，很適合用來提供現金流。由於是封閉式結構，在基金公司不主動增發下，總股數是固定的，加上大部分投資者也是長期持有，所以流動性一直很低，只是股票分置基金沒有「保本」功能，所以在配置上應屬「輔助」工具，並不宜作為主要的槓桿工具；

- 槓桿能有效放大回報，能產出 20% 回報，但槓桿亦會放大風險。槓桿操作要求投資者對產品及風險的認知要求倍升，應採取「先風險，後回報」的思考模式；

- 如果投資者尚未持續及穩定地獲利，絕不宜開始槓桿操作。

圖表 11.1 Dividend 15 Split Corp. (DFN) 股價 (2016-2022)

資料來源：YahooFinanceChart

11.5 移民前的準備

 第五封信

M 小姐：將會移民英國、繼續工作、希望可以比較懶地投資；暫不考慮
使用槓桿

時間：2022 年 4 月

 扣除到英國打算使用的初期資金及生活費後，希望以尚餘
的一筆資金，整合一個具增長及穩定現金流的投資組合，
去輔助長期生活所需，想請教可如何改進現時投資組合。

打算學習財商，投資目標是「先現金流後增長」，可承受
30% 波幅，手持額外現金足夠一年不用工作，但仍希望繼
續工作。

M 小姐目前持倉

北美洲	42.88%
USD	17.3%
Vanguard 500 Index Fund (VOO)	8.38%
Invesco QQQ Trust (QQQ)	7.28%

Microsoft Corporation (MSFT)	3.74%
Cohen & Steers Quality Income Realty Fund, Inc. (RQI)	2.71%
Blackstone Inc. (BX)	2.06%
Apple Inc. (AAPL)	1.40%

亞洲	32.94%
領展房產基金 (0823)	16.69%
新創建集團 (0659)	8.17%
中信國際電訊 (1883)	2.97%
國際家居零售 (1373)	2.69%
台積電 (TSM)	2.07%
HKD	0.34%

歐洲	24.18%
法通保險 (LGEN)	13.17%
Phoenix Group Holdings plc (PHNX.L)	6.54%
M&G plc (MNG.L)	2.82%
GBP	0.41%
EUR	0.69%
ASML Holding N.V. (ASML)	0.54%

Kano

文中透露你是一個偏保守而有計劃的投資者，目標是「先現金流後增長」，但現時投資組合的比例是現金流：4、增長：6，那是增長為主導的投資比例，所以額外資金不宜按這比例增加。

按投資需要 調整投資方向

而且，投資理應按投資需要而展開。當你移民英國之時，投資需要會有所改變，所以筆者的建議是轉變投資組合，由增長主導轉為現金流主導，現金流與增長的比例，由 7:3 至 8:2，這樣會有較穩定現金流，用以支撐移民初期的支出，待於英國找到工作或居所，生活穩定後，再慢慢轉變投資組合，增加增長部分的比例。

這個做法有兩個好處：

- 穩定而持續的現金流，提供更高的容錯空間，為移民計劃設置更好的緩衝；
- 雖然預備了充足現金，但始終是吃老本，現金流組合會減少你吃老本的情況。當你於英國站穩陣腳，再次轉變投資組合時，可有更好的爆發力。

因為投資方向的更動，如果重新審視現有投資組合，便會發現不少可改進的空間：

- **英國資產配置嚴重不足**：當你居於英國後，日常支出需使用英鎊，所以投資組合中應以英國資產為主要成員，然後配合其他地區為輔助。英國企業當中，以金融服務是最為值得投資。

- **英國投資的限制**：按探子回報，英國不允許當地市民投資美國的 CEF（封閉式基金），M 小姐應該要賣出 RQI。當你沽貨取得資金後，可考慮安放於其他現金流資產。而由於英國企業只會一年兩息，除去 RQI 後，可考慮投資 SSF，月月收息，利用其現金流補充英國股票的不足。現時環境下，正好是綜合金融及傳統能源為基層的加拿大資產最為受惠。
- **關於減持部分**：現時開始的加息周期，十分不利科技股，所以 QQQ 短期內不會有良好表現，在轉變投資方向其間，這是一個減持方向，用以套現資金來達成投資目的。

後記

「呼～」，總算打到全書這個最後篇章。

寫書遠比我想像中還要困難。執筆其間，腦海浮現無數的概念，想逐一寫下來，卻又難以組織成完整理論，內心響起無數次放棄的念頭。

書寫自序及前言時，回想起了不少自身經歷：

- 為甚麼是開始？
- 為甚麼會成長？
- 為甚麼是寫文章？
- 為甚麼會有出書的機會？

即使到了現在，筆者依然難以想像，讀書時永遠不交作文的人，竟然會寫 blog，甚至寫出一本書。事情的緣由，只因數簿等人的多番鼓勵，筆者開始透過 Blog 以記錄投資心得，一步一步走來，想要感恩多謝的人多不勝數。

另外，我亦十分感恩出版社的包容，本來出版社想我寫一點關於現金流的「特定投資產品」，之後希望增加給投資者的投資心法，所以變成兩者兼併的這個版本，取名《動態現金流》。

我相信投資是很個人的事，從來也沒有一個「**罐頭答案**」，而所有投資也應從投資目的入手，並按自身情況靈活調整。本書盡量用淺白文筆指出投資者應當注意的事項，全是肺腑之言，希望讀者有所得益。

這一年，筆者眾多親友打算移民，但移民最大問題往往是財務安排，為他們慢慢建構投資組合及講解理據，我感受良多，相信這本書是我給他們最好的送別禮。同一時間，部落格中也有朋友問及投資海外意見，令我意識到提醒環球投資注意事項的重要性，容許我再次感謝出版社答應我這個任性的想法。

「現金流」是一種具彈性的投資法，從防守開始的第一層的現金流，慢慢到本書拓展其他層面的現金流。我始終堅信，「現金流」本是一種思考方法，具有多個層次及層面，當你進入現金流思考模式時，你會發現工作、生意、投資、理財中，也會找到現金流概念的蹤影，當你想通現金流本質時，便是功力昇華之時。

Kano

2022 年 8 月

Wealth 145

動態
現金流

作者	Kano
內容總監	曾玉英
責任編輯	何敏慧
書籍設計	Joyce Leung
相片提供	Kano、Getty Images

出版	天窗出版社有限公司 Enrich Publishing Ltd.
發行	天窗出版社有限公司 Enrich Publishing Ltd.
	香港九龍觀塘鴻圖道78號17樓A室
電話	(852) 2793 5678
傳真	(852) 2793 5030
網址	www.enrichculture.com
電郵	info@enrichculture.com
出版日期	2022年8月初版

承印	嘉昱有限公司
	九龍新蒲崗大有街26-28號天虹大廈7字樓
紙品供應	興泰行洋紙有限公司

定價	港幣 $198　新台幣 $970
國際書號	978-988-8599-84-4
圖書分類	（1）投資理財　（2）工商管理

支持環保　此書紙張經無氯漂白及以北歐再生林木纖維製造，並
採用環保油墨。